OGGI IN ITALIA

a first course in Italian

WORKBOOK

FERDINANDO MERLONGHI

FRANCA MERLONGHI

JOSEPH A. TURSI

HOUGHTON MIFFLIN COMPANY / BOSTON

Atlanta   Dallas   Geneva, Illinois   Hopewell, New Jersey   Palo Alto   London

Illustrations by George Ulrich
Technical Art by ANCO/BOSTON

ISBN: 0-395-26242-9

Contents

Introduction

The workbook to accompany *OGGI IN ITALIA* provides additional exercises designed to reinforce and/or supplement material presented in the corresponding chapters of the text.

Each chapter contains exercises which focus on new structures and new vocabulary, or provide essential review of structures and vocabulary previously introduced. They range from simple completion exercises to the construction of simple sentences and short paragraphs based on suggested guidelines. Some of the exercises are keyed to various types of visuals, such as realia and line drawings. Some are intended to acquaint the students with aspects of everyday life in Italy. Still others are designed to expand the student's ability to associate the spoken word with the written word, or to gain greater independence in determining the meanings of new words.

An answer key to most of the exercises is provided at the end of the workbook. The key will enable students to correct their own homework. In cases where answers may vary slightly, alternatives are included when appropriate. The workbook pages are perforated so that students may hand in their homework for checking by the instructor.

F. M.

F. M.

J. A. T.

Lezione Preliminare A / COME SI CHIAMA LEI?

A. Give information about yourself.

1. Mi chiamo ....

2. Sono ....

3. Sono ....

4. Abito ....

B. Copy the following words and underline the stressed syllable.

> a · bi · ta   <u>a</u>bita

1. co · me   ....

2. stu · den · te   ....

3. cul · tu · ra · le ....

4. dia · lo · go   ....

5. a · me · ri · ca · no ....

6. u · ni · ver · si · tà ....

7. i · ta · lia · no   ....

8. cor · so   ....

C. You have just met your friend Carlo. Exchange greetings with him, then say good-by to each other. Complete the conversation.

(You):   Ciao, Carlo, c... s...?

Carlo: Bene, g..., e t...?

(You):   Abb... bene, grazie.

Carlo: Arr...!

(You):   C...!

D. Express in Italian.

1. My name is Antonella Rodini.

....

2. What's your name?

....

3. I live on Manzoni Street.

....

4. Where do you live?

....

Lezione Preliminare B / CHI È LEI?

A. Give real or fictitious information about yourself, your profession or trade, and place of work.

1. Sono ....

2. Sono ....

3. Lavoro ....

B. Write the Italian equivalent of each English cognate.

1. student .... 3. Italian .... 5. American ....

2. mother .... 4. mechanic .... 6. doctor ....

C. Answer the questions based on the information given below.

Mi chiamo Giorgio Catoni.   Mi chiamo Giovanni Perini.

Sono ingegnere.   Sono avvocato.

Abito a Firenze, in via Dante.   Abito a Fiesole, in corso Italia.

Lavoro in una fabbrica.   Lavoro a Firenze.

1. Come si chiama l'ingegnere?   ....

2. Dove abita?   ....

3. Dove lavora?   ....

4. Come si chiama l'avvocato?   ....

5. Dove abita?   ....

6. Dove lavora?   ....

D. *Ingegner Catoni* and *avvocato Perini* meet in downtown Florence and exchange greetings. Write an appropriate dialogue.

Ing. Catoni: Buòn giorno, avvocato, ...

Avv. Perini: ....

Ing. Catoni: ....

Avv. Perini: ....

Ing. Catoni: ....

Avv. Perini: ....

Lezione 1ª / UN INCONTRO CASUALE

A. Say that you have the number of items indicated for each object.

> otto  Ho otto matite.

uno    1. Ho ....

quattro   2. Ho ....

nove    3. Ho ....

dieci   4. Ho ....

tre   5. Ho ....

due   6. Ho ....

B. Complete the following sentences with the appropriate indefinite article.

1. Aspetto .... amica.

2. Lavoro in .... fabbrica.

3. Lavoro in .... ospedale.

4. Che cosa è? —È .... zero.

5. Ho .... libro.

6. Che cosa è? —È .... aula.

7. Incontra .... ragazza.

8. Luciana aspetta .... studente.

C. Ask your friend Franco how many of the following items he has. Use two successive numbers in your questions.

> cestino   Hai due o tre cestini?

1. dizionario   ....

2. rivista   ....

3. orologio   ....

4. giornale   ....

5. cancellino   ....

6. foglio di carta   ....

D. Write out in Italian the following number-noun combinations. Change the noun to the plural when necessary.

> (1) sedia   una sedia

1. (6) finestra   ....

2. (3) cattedra   ....

3. (2) lavagna   ....

4. (4) parete   ....

5. (1) carta geografica   ....

6. (5) professore   ....

7. (9) amico   ....

8. (7) porta   ....

9. (8) studente   ....

10. (10) studentessa   ....

E. Imagine you have just met your friend Paola. Ask her what she is doing, where she is going in such a rush, etc.

(You): Ciao, ...?

Paola: Benissimo, ...

(You): Che cosa ....?

Paola: Aspetto ....

(You): Dove...?

Paola: ....

(You): Ciao. ....

F. Choose the appropriate response to the following questions and write it in the space provided.

1. Ciao, Teresa. Come stai? ....

    a. Adesso.

    b. Un amico.

    c. Allo stadio.

    d. Non c'è male.

2. Dove vai così in fretta? ....

    a. Aspetto Mario.

    b. Ai Musei Vaticani.

    c. Non troppo bene.

    d. Più tardi.

3. Chi incontra Stefano? ....

    a. Un'amica.

    b. Domani.

    c. Oggi.

    d. Abita a Milano.

G. Express in Italian.

1. Where are you going?

....

2. What are you doing here?

....

3. I'm waiting for Giuseppe.

....

4. We're going to the stadium.

....

H. Cruciverba

ORIZZONTALI

2. clock
5. engineer
7. three
8. zero
11. wall
12. a, an
13. hospital

VERTICALI

1. where
3. boy
4. five
6. newspaper
9. well
10. one

Lezione 2ᵃ / CHE COSA C'È DI NUOVO?

A. Write out what time it is in the following digital clocks.

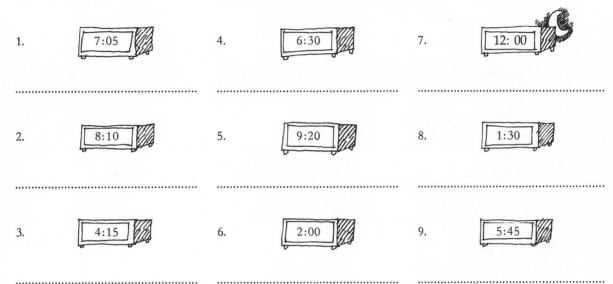

1.   7:05

....

2.   8:10

....

3.   4:15

....

4.   6:30

....

5.   9:20

....

6.   2:00

....

7.   12: 00

....

8.   1:30

....

9.   5:45

....

B. Write complete sentences, using *c'è* or *ci sono* with each of the following noun phrases.

    > un ospedale   C'è un ospedale.

1.   un liceo   ....

2.   due studenti   ....

3.   tre signorine   ....

4.   un meccanico   ....

5.   una signora   ....

6.   uno stadio   ....

7.   cinque studentesse   ....

8.   otto professori   ....

C. Write complete statements, using *ecco* and the appropriate indefinite article.

> Ecco un giornale.

1. ....

2. ....

3. ....

4. ....

5. ....

D. Imagine you are working for a telephone company. Write out the following numbers according to the model.

> 28 10 09   ventotto dieci zero nove

1. 30 22 17   ....

2. 13 19 28   ....

3. 26 18 12   ....

4. 29 24 14   ....

5. 11 25 16   ....

6. 10 27 15   ....

7. 23 21 20   ....

E. It's Saturday and everyone has a date. Indicate the time set for everyone's date, according to the model.

> 3:00 Franco/Marisa   Franco ha un appuntamento con Marisa alle tre.

1. 2:10 Paola/Gianni   ....

2. 4:35 Marco/Luisa   ....

3. 6:00 Io/Laura   ....

4. 7:30 Marta/Paolo   ....

5. 5:15 Anna/Piero   ....

6. 4:20 Luigi/Monica   ....

F. Give the Italian equivalent of the following dialogue lines.

1. Where do you live, Stefano?

....?

2. I live on Vittoria Avenue.

....

3. What's new?

....?

4. I'm attending the University of Padova.

....

5. What department (facoltà) do you attend?

....?

6. The department of Modern Languages.

....

7. What time is it?

....?

8. It's one o'clock.

....

G. Write questions to which the following answers would be appropriate. Use the cues given.

1. Sono le dieci di sera.

   Che ....?

2. Due più tre fa cinque.

   Quanto ....?

3. No, ora abito in corso Mazzini.

   Abiti ....?

4. Paola ha un appuntamento importante.

   Chi ....?

5. Frequento la facoltà di Chimica.

   Quale ....?

Lezione 3ª / UN QUESTIONARIO

A. Imagine that you are applying for a job with an Italian company. Answer the following questions.

1. Come si chiama lei? ....

2. Dove abita lei? ....

3. Parla inglese? ....

4. Parla francese? ....

5. Quale scuola frequenta? ....

6. Studia l'italiano? ....

7. Lavora adesso? ....

8. Dove lavora? ....

B. Supply the correct form of the definite article in front of the following nouns.

1. .... famiglia   6. .... città

2. .... corso   7. .... madre

3. .... padre   8. .... professoressa

4. .... dottore   9. .... scuola

5. .... ospedale   10. .... studente

C. Write out what school the following people attend.

> **Piero/l'università**   **Piero frequenta l'università.**

1. Noi/la scuola media

....

2. Il fratello di Alberto/il liceo classico

....

3. Francesca e Paola/l'istituto magistrale

....

4. La sorella di Caterina/la scuola elementare

....

5. Tu/il liceo scientifico

....

6. Tu e Giorgio/l'università di Napoli

....

7. Io/la facoltà di Medicina

....

8. Alessandra e Fabio/la facoltà di Lingue Moderne

....

D. Supply appropriate subject pronouns.

> .... parto per Roma.   ....Io........... parto per Roma.

1. .... chiami Luigi alle otto?   5. .... guardate la televisione.

2. .... lavoriamo ogni sera.   6. Signora, ... aspetta il professore?

3. .... insegna italiano.   7. Signori, perché .... studiano il

4. .... abitano a Roma.   francese?

E. Ask to whom the following items belong. Respond with the name of the person indicated.

> macchina: Matilde   Di chi è la macchina? È di Matilde.

1. quaderno: Gabriele

....

2. penna: Luigi

....

3. giornale: Mariella

....

4. dizionario: Francesca

....

F. Complete the following sentences with the appropriate present-tense form of one of the verbs listed.

portare   lavorare   abitare   parlare   tornare

insegnare   arrivare   chiamare   aspettare   ascoltare

1. Lo zio di Mariella .... a Pescara.

2. I nonni di Giovanna .... domani.

3. Io .... la radio.

4. La sorella di Maurizio .... all'università.

5. Tu e Cristina .... la zia.

6. Noi .... il dottore.

7. Il cugino di Teresa .... a Bari.

8. Il professor Coletti .... con l'avvocato.

9. Tu .... i libri ed io .... il dizionario.

10. I genitori di Roberto .... a casa più tardi.

G. Say that you *don't* do the following things.

> comprare una rivista   Non compro una rivista.

1. trovare la lettera   ....

2. lavorare in un ospedale   ....

3. frequentare il liceo   ....

4. tornare a casa   ....

5. pagare la macchina   ....

6. aspettare Giorgio   ....

H. Complete the following paragraph with suitable words.

Gabriele Biagiotti .... con la famiglia a Milano, in via Manzoni. Gabriele ha venti

.... e lavora in una .... di automobili. Il padre

.... Gabriele è professore ed .... l'inglese in una

scuola media. La madre è dottoressa e lavora in un .... della città. I nonni di

Gabriele .... con la .... Biagiotti. Lo zio e la

.... e due .... abitano a Firenze.

I. Give the Italian equivalents of the following nouns. Include the definite article.

1. husband   ....

2. wife   ....

3. son   ....

4. daughter   ....

5. telephone   ....

6. television set   ....

7. questionnaire   ....

8. census   ....

9. signature   ....

10. address   ....

Lezione 4ᵃ / CHE COSA FAI STASERA?

A. Form sentences using the appropriate form of the verb *essere*.

> io/al museo e tu/in biblioteca   Io sono al museo e tu sei in biblioteca.

1. Teresa/in chiesa e Giuseppe/all'ufficio postale

....

2. Noi/allo stadio e Fabrizio/alla stazione

....

3. Voi/al ristorante e loro/al teatro

....

4. Tu/all'ospedale ed io/in banca

....

5. Maria Pia/in albergo e Paola e Cristina/al negozio

....

B. Supply the appropriate form of the verb *essere*.

1. Che ora è? .... le sette.

2. Paola .... italiana.

3. La signora Paolini .... dottoressa.

4. Franco ed io .... fratelli.

5. Mariella e Luigi .... cugini.

6. Io .... americano.

7. Tu .... l'amica di Luciana.

8. La rivista .... di Maurizio.

9. Noi .... moglie e marito.

10. Tu e Carlo .... studenti di liceo.

C. You want to find out where the following people, things, and places are. Begin your questions with *dove,* using the appropriate form of the verb *essere* and the correct definite article.

> quaderni   Dove sono i quaderni?

1. negozio   ....

2. ragazze   ....

3. studenti   ....

4. ospedale   ....

5. chiesa   ....

6. matite   ....

7. libri   ....

8. stadio   ....

D. Write the appropriate definite article.

1. Patrizia frequenta .... Università di Padova.

2. .... signora Gardini abita in via Salaria.

3. Chiamiamo .... ingegner Brentini.

4. Valeria compra .... gettoni per telefonare.

5. .... amici di Giancarlo arrivano domani.

6. .... sorelle di Adriana abitano a Venezia.

7. .... signori Cortini insegnano al liceo.

8. Non guardiamo .... film alla televisione.

9. Ha .... radio?

10. Non rimandiamo .... questionario.

E. You call up your friend Teresa and ask her to have a lemonade with you. Complete the conversation that takes place between you and Teresa.

(You):   Ciao, Teresa, che cosa fai questo pomeriggio?

Teresa: ....

(You):   Vorresti venire a prendere una limonata con me?

Teresa: ....

(You):   Al bar Rialto vicino alla biblioteca.

Teresa: ....

(You):   Alle cinque.

Teresa: ....

(You):   Ciao!

F. Choose the most sensible response to each of the sentences below, and write it in the space provided.

1. Che cosa fai oggi pomeriggio?   ....

   a. È una buona idea.

   b. Va bene.

   c. È la matita di Paola.

   d. I compiti.

2. Vuoi venire a prendere un caffè?   ....

   a. E stasera?

   b. No, devo studiare le lezioni.

   c. Scusa, che ora è?

   d. Non c'è male.

3. Quanti fratelli ha lei?   ....

   a. Ho due cugini.

   b. Ho tre fratelli.

   c. Ho diciannove anni.

   d. Cinque meno uno fa quattro.

4. È mezzanotte? ....

    a. No, sono le tre di mattina.

    b. Qui ci sono tre studenti.

    c. Qui c'è un ospedale.

    d. Sì, sono le quattro del pomeriggio.

5. Di chi è il dizionario? ....

    a. Non compro il dizionario.

    b. Ecco il dizionario.

    c. È di Giuseppe.

    d. È il cognome di Marisa.

G. Ask the people mentioned if they do the things indicated.

> Antonio: insegnare l'italiano   Antonio, insegni l'italiano?

1. Silvia: ascoltare la radio

....?

2. Roberto e Franco: telefonare a Maria

....?

3. il signor Pizzi: rimandare la rivista a Piero

....?

4. tu e Margherita: entrare in aula

....?

5. la signora Magri: arrivare alle sette

....?

Lezione 5ª / CHE COSA PRENDONO I SIGNORI?

A. Pino and Gianni are cousins, but they're very different. Complete each statement with the antonym of the adjective that describes Pino.

> Pino è ricco, Gianni è ....povero............................ .

1. Pino è alto, Gianni è ....

2. Pino è giovane, Gianni è ....

3. Pino è allegro, Gianni è ....

4. Pino è stanco, Gianni è ....

5. Pino è grasso, Gianni è ....

6. Pino è buono, Gianni è ....

7. Pino è bello, Gianni è ....

8. Pino è grande, Gianni è ....

B. You and some friends are writing letters and postcards to friends in various places. Tell to whom you are writing.

> John/al professore d'italiano   John scrive al professore d'italiano.

1. Io/a Carole ....

2. John e Kathy/ai cugini ....

3. Kathy/al fratello ....

4. Noi/ai genitori ....

5. Tu/al dottor Miller ....

6. Tu e Kathy/ai nonni ....

7. Io e John/a Barbara ....

8. Voi/alla zia di Mary ....

C. Form sentences, using the cues given.

1. Noi / discutere / lezione

....

2. Tu / ricevere / lettera

....

3. Voi / rispondere / al telefono

....

4. Loro / vendere / gettoni

....

5. Gianni / prendere / libri

....

D. Say that the following people are cheerful.

     > Giacomo   Giacomo è allegro.

1. Maria   ....

2. Io   ....

3. I nonni   ....

4. La professoressa   ....

5. Tu   ....

6. Tu e Carlo   ....

E. Say that the following people are sad.

     > Io   Io sono triste.

1. Gianna e Luigi   ....

2. L'avvocato   ....

3. Il meccanico   ....

4. Tu e Carla   ....

5. Noi   ....

6. Tu   ....

F. Restate each sentence with the appropriate form of an adjective from the list.

giovane	americano	vaticano	buono
grande	importante	obbligatorio	fortunato

> Andiamo ai musei.   **Andiamo ai Musei Vaticani.**

1. Lavora in un ospedale.   ....

2. Ho un appuntamento.   ....

3. Ci sono due professori.   ....

4. C'è una ragazza.   ....

5. È un' idea.   ....

6. Non ho la frequenza.   ....

7. Mario e Carlo sono ragazzi.   ....

G. Cristina and Silvia are at an Italian *bar*. Fill in the missing words of the dialogue.

Cameriere: Le .... prendono qualcosa?

Cristina: Sì, un ...., per favore.

Cameriere: E lei, ...?

Silvia: Un .... al prosciutto.

Cameriere: Va ...., subito.

Cristina: Allora, ..., che cosa .... bello?

Silvia: .... di speciale. E ....?

Cristina: Ogni giorno .... scuola, e la sera ....

la televisione.

H. Say that the people indicated *don't* do the following things.

> \> io: vendere molti libri   **Io non vendo molti libri.**

1. le signorine: rispondere alle domande

....

2. lo studente: prendere un tè freddo

....

3. noi: leggere il giornale

....

4. tu: spendere molto

....

I. Write in the space provided the Italian expression that matches each English expression.

ogni giorno	sei proprio fortunato	faccio gite
qualche volta	che cosa fai di bello?	secondo lei
subito	un bicchiere d'acqua	niente di speciale

1. nothing special   ....

2. sometimes   ....

3. right away   ....

4. I take trips   ....

5. a glass of water   ....

6. what's new?   ....

7. you're really lucky   ....

8. every day   ....

9. according to you   ....

Lezione 6ª / UN APPUNTAMENTO PER DOMENICA SERA

A. You and your friends are looking at your class schedule. Write complete sentences indicating what class each of you has for the hours indicated.

	Io	Tu	Luisa	Carlo
9:00	matematica	chimica	chimica	fisica
10:00	fisica	inglese	geografia	geografia
11:00	italiano	italiano	inglese	matematica

> 9:00 / io / lezione di matematica   Alle nove io ho lezione di matematica.

1. 9:00 / io / lezione di matematica

....

  9:00 / tu e Luisa / lezione di chimica

....

  9:00 / Carlo / lezione di fisica

....

2. 10:00 / io / lezione di fisica

....

  10:00 / tu / lezione d'inglese

....

  10:00 / Luisa e Carlo / lezione di geografia

....

3. 11:00 / tu ed io / lezione d'italiano

....

  11:00 / Luisa / lezione d'inglese

....

  11:00 / Carlo / lezione di matematica

....

B. In order to fill out a form requesting a certificate, a City Hall clerk asks Giuliana some personal questions. Giuliana's answers are provided. Write the clerk's questions, using *come, dove, che cosa,* and *quanti.*

Impiegato: ....?

  Giuliana: Mi chiamo Giuliana Lanzini.

Impiegato: ....?

  Giuliana: Abito in piazza Mazzini, 29.

Impiegato: ....?

  Giuliana: Ho venticinque anni.

Impiegato: ....?

  Giuliana: Sono studentessa universitaria.

Impiegato: ....?

  Giuliana: Lingue Moderne.

C. Silvia wants to know who Gabriella Giordano is, and she asks her friend Antonella about her. Antonella's answers are given. Write Silvia's questions, using *come, quando, dove, che cosa, chi,* and *quanti.*

  Silvia: ....?

Antonella: È la madre di Alessandra.

  Silvia: ....?

Antonella: Lavora in biblioteca.

  Silvia: ....?

Antonella: Abita in via Appia, 18.

  Silvia: ....?

Antonella: Ha ventotto anni.

  Silvia: ....?

Antonella: Ha tre figli.

  Silvia: ....?

Antonella: Il marito si chiama Roberto.

  Silvia: ....?

Antonella: Il marito lavora in banca.

  Silvia: ....?

Antonella: Comprano la macchina nuova a settembre.

D. Give the Italian equivalents of the following pairs of dialogue lines.

1. What's today? ....

   It's Sunday. ....

2. What day was yesterday? ....

   It was Saturday. ....

3. What's the first day of the week? ....

   ....

   Monday is the first day of the week. ....

   ....

4. What's today's date? ....

   It's January 18. ....

5. What's the last month of the year? ....

   ....

   December is the last month of the year. ....

   ....

E. Tell what activity you do on the days indicated.

   > lunedì: guardare la televisione   **Il lunedì guardo la televisione.**

1. martedì: leggere il giornale

   ....

2. mercoledì: parlare con le amiche

   ....

3. giovedì: scrivere alla zia

   ....

4. venerdì: lavorare molto

   ....

5. sabato: ascoltare la radio

   ....

F. Cruciverba

ORIZZONTALI

1. she buys
5. you *(fam. sg.)* return
6. you *(fam. sg.)* take
9. they return (something)
10. we spend
13. she finds
15. he enters
17. you *(fam. sg.)* work
18. we telephone

VERTICALI

2. she lives
3. he brings
4. I sell
7. he teaches
8. they meet
9. she answers
11. they discuss
12. I send
14. you *(fam. pl.)* live
16. I return (something)

Lezione 7ª / A PORTA PORTESE

A. Mrs. Risi is downtown shopping. Write what item of clothing she buys for each member of her family.

La signora Risi compra:

1.  .... per il marito.

2.  .... per il figlio.

3.  .... per la figlia.

4.  .... per lo zio.

5.  .... per il cugino.

6.  .... per la nonna.

7.  .... per la zia.

8.  .... per la cugina.

B. Answer the questions, using the correct form of the possessive adjectives.

> **Di che colore sono le vostre maglie?** **Le nostre maglie sono blu.**

1. Di che colore sono le sue scarpe?

....

2. Di che colore sono i suoi pantaloni?

....

3. Di che colore è la sua camicia?

....

4. Di che colore è la sua gonna?

....

5. Di che colore è il suo cappotto?

....

6. Di che colore è il suo impermeabile?

....

C. Describe what your friend Anna Maria is wearing. Complete the paragraph with an appropriate possessive adjective or adjective of color from the list below.

       nera, rosso, suo, mia, nere, mia, grigio, sue, neri

La .... amica Anna Maria porta un vestito ....

Le .... scarpe sono .... ed anche la borsa è ....

Il .... cappotto è ...., ma i guanti sono ....

come la borsa e le scarpe.

D. Supply the appropriate definite article if necessary. Write an X if no article is needed.

1. .... mia madre è in cucina.

2. .... mio padre e .... miei fratelli sono in salotto.

3. .... miei nonni sono nella camera da letto.

4. .... mia stanza è vicino alla sala da pranzo.

5. .... mia sorella si chiama Claudia.

6. Claudia usa sempre .... mio telefono per chiamare .... suoi amici.

E. Write complete sentences, using the possessive adjectives that correspond to the subject pronouns indicated in parentheses.

> (io) .... amici sono italiani.   ...I miei........... amici sono italiani.

1. (noi) .... genitori sono a Palermo.

2. (tu) .... sorella telefona più tardi.

3. (lei) .... vestito è molto elegante.

4. (loro) .... macchina è nuova.

5. (io) .... zia si chiama Franca.

6. (lui) .... vecchio zio abita a Genova.

7. (voi) .... fratelli hanno fretta.

8. (io) .... giacca è di velluto.

F. Make three questions based on each statement, using the interrogative words indicated.

1. Luigi compra tre maglie.

   a. Chi ....?

   b. Che cosa ....?

   c. Quante ....?

2. Caterina va in centro alle dieci.

   a. Chi ....?

   b. A che ora ....?

   c. Dove ....?

3. La signora Cercato porta un cappotto grigio.

   a. Chi ....?

   b. Che cosa ....?

   c. Di che colore ....?

G.   Giorgio and Carlo are at the Porta Portese market. Complete the dialogue with suitable words or expressions.

Giorgio: Che cosa .... intenzione di comprare?

Carlo: Non ho un' .... precisa. Alcuni ....

originali o un calendario. Vorrei abbellire la mia ....

Giorgio: Io invece .... trovare un impermeabile a buon

....

Carlo: Allora guardiamo in .... con attenzione.

Giorgio: Va bene. Tra l'altro, è una splendida .... e non abbiamo fretta.

Lezione 8ª / MI PUOI DARE UN PASSAGGIO?

A. You are applying for a driver's license. The clerk at the Registry's Office asks the following questions. Write your responses.

Impiegato: Qual è il suo cognome?

Lei: ....

Impiegato: Qual è il suo nome?

Lei: ....

Impiegato: Ed il suo indirizzo?

Lei   ....

Impiegato: Qual è il suo numero di telefono?

Lei: ....

Impiegato: Quanti anni ha lei?

Lei: ....

Impiegato: Qual è la data di oggi?

Lei: ....

B. Write the correct contracted form of the preposition in parentheses.

1. (di)   La macchina .... miei genitori è vecchia.

2. (da)   Domani vado .... meccanico.

3. (su)   Il cappotto di Sergio è .... sedia.

4. (a)   Andiamo .... stadio.

5. (in)   La patente di guida è .... macchina.

6. (a)   Mio cugino arriva .... quattro del pomeriggio.

7. (di)   Era sua intenzione fare .... spirito.

8. (di)   Qual è l'indirizzo .... dottor Arcadi?

9. (a)   Telefono .... miei genitori.

10. (in)   La mia borsa è .... salotto.

11. (a)   Vado .... Musei Vaticani con Marco.

12. (di)   I cappotti .... ragazzi sono blu.

C.   Paola and her friends have returned from the Porta Portese market. As Paola takes things our of the car, she says to whom the various items belong. Complete each sentence with the correct form of *questo* and the name of the item.

>   **Questo vestito è di Teresa.**

1.   .... sono di Valerio.

2.   .... è di Francesca.

3.   .... è di Alessandra.

4.   .... sono di Giovanna.

5.   .... è di Enrico.

D. The party is over, and many people have already left. Sergio wants to know the name of the owner of some of the items left in the room. Write questions with the expression *di chi è* and the correct form of *quello*.

     > cappotto   Di chi è quel cappotto?

1. giacca   ....

2. dischi   ....

3. impermeabili   ....

4. cappello   ....

5. guanti   ....

6. maglie   ....

7. orologio   ....

8. cravatta   ....

E. Say that the following persons and things are beautiful. Supply the appropriate form of *bello* before each noun.

1. Gianna è una .... ragazza.

2. Guardiamo un .... film alla televisione.

3. Compro due .... quadri moderni.

4. Vedo un .... ragazzo.

5. Legge sempre .... libri.

6. In quel negozio vendono .... orologi.

7. Parla con due .... signorine.

F. Complete the following paragraph with appropriate words or expressions.

Oggi è venerdì e Laura Benotti ha un appuntamento .... dentista. Laura non

.... perché non ha la patente. È ancora troppo ....

Ha quindici .... Suo fratello Tommaso ....

diciotto anni, ha una bella .... e guida molto bene. Oggi però Tommaso non può

dare un .... a Paola perché la sua macchina è dal... .

G. Complete each sentence below with an appropriate word or expression.

1. Oggi io vado a ...., come ogni giorno.

2. Dov'è la tua ....?

3. Ho un appuntamento con il ....

4. Dove vai così in ....?

5. Non voglio .... in ritardo.

6. La mia motocicletta è .... garage di fronte alla fermata del tram.

7. Prendo la .... e vengo.

8. A .... ora hai l'appuntamento con il medico?

Lezione 9ᵃ / LA SOLITA BUROCRAZIA!

A. Write out the age for all the members of your family. Begin with yourself.

> Mia cugina ha ....   Mia cugina ha ....trentadue anni.....................................

1. Io ho ....

2. Mio padre ha ....

3. Mia madre ha ....

4. Mio fratello ha ....

5. Mia sorella ha ....

6. Mio nonno ha ....

7. Mia nonna ha ....

8. Mio zio ha ....

9. Mia zia ha ....

10. Mio cugino ha ....

B. You and your friends are going home for vacation. Write out when each one of you will be leaving.

> Francesca/alle quattro del pomeriggio   Francesca parte alle quattro del pomeriggio.

1. io/domani

....

2. Marco/più tardi

....

3. Maria e Lisa/oggi pomeriggio

....

4. tu/alle sette di sera

....

5. tu e Giulio/a mezzogiorno

....

6. Rita/alle due del pomeriggio

....

7. Sandro ed io/alle otto di mattina

....

C.   Fill in the following birth certificate.

COMUNE DI PISA
Ripartizione IV -Servizi Demografici
Ufficio dello Stato Civile

CERTIFICATO DI NASCITA

L'Ufficiale di Anagrafe

certifica

che ...1... signor ...   Nome ....

Cognome ....

è nato(a) a Pisa il   _____ _____ _____
                              giorno   mese   anno

Data _____   L'Ufficiale d'Anagrafe

D. Complete the following sentences with the appropriate form of an -*ire* verb from the list below.

finire	suggerire	partire	servire
aprire	capire	spedire	pulire

1. Voi .... le finestre.

2. Io .... il servizio militare a febbraio.

3. Lui .... di fare così.

4. I ragazzi .... la stanza.

5. Mio padre .... il francese.

6. Lei .... una lettera al nonno?

7. Tu .... per Roma stamattina?

8. Mia madre .... il caffè alla zia.

E. Write what each of the following people prefers to do this afternoon.

> tu/guardare la televisione **Tu preferisci guardare la televisione.**

1. Giancarlo/andare al cinema

....

2. Rosella ed io/andare al museo

....

3. i ragazzi/andare allo stadio

....

4. io/leggere un libro

....

5. lei/andare al ristorante

....

6. Silvia e Pietro/studiare

....

7. tu e Giovanna/vedere un bel film

....

F. Complete the following sentences with a phrase of opposite meaning. Use the correct form of the demonstrative pronoun *quello.*

> Questa ragazza è bella, . . .   Questa ragazza è bella, quella è brutta.

1. Questa macchina è nuova, ...

2. Questi ragazzi sono allegri, ...

3. Questa signorina è grassa, ...

4. Questo signore è ricco, ...

5. Queste case sono grandi, ...

6. Questo dottore è stanco, ...

7. Questi quadri sono brutti, ...

8. Queste signore sono vecchie, ...

G. Answer your friend's questions in the negative, using the appropriate form of the demonstrative pronoun *questo.*

> Compri quel giradischi?   No, compro questo.

1. Compri quella rivista?   ....

2. Compri quei libri?   ....

3. Compri quell'orologio?   ....

4. Compri quelle camicie?   ....

5. Compri quei dischi?   ....

6. Compri quel televisore?   ....

7. Compri quelle scarpe?   ....

Lezione 10ᵃ / VOTA!

A. Look at the individual drawings and describe the weather.

Che tempo fa?

1. ....   2. ....   3. ....

4. ....   5. ....   6. ....

B. Describe a typical day for each season of the year. Give not only the weather, but also the temperature, the day, the month and the date. Write four or five sentences for each season.

1. Oggi è ....

....

....

....

2. Oggi è ....

....

....

3. Oggi è ....

....

....

....

4. Oggi è ....

....

....

....

C. Rewrite the sentences, replacing the noun phrase in italics with a direct-object pronoun.

>   Carlo capisce *la chimica*.   Carlo la capisce.

1. Roberto prende *il tè freddo.*

....

2. Noi prendiamo *l'aranciata.*

....

3. Io leggo *le lezioni.*

....

4. Mia sorella pulisce *la sua stanza.*

....

5. Noi spediamo *la lettera* ai nonni.

....

6. Gli studenti scrivono *le parole* sulla lavagna.

....

7. I ragazzi ascoltano *i dischi.*

....

8. Vediamo spesso *i film italiani.*

D. Ask Gianni if his friend Sandra does the following. Write out the questions, using the appropriate object pronouns.

> chiamare spesso   Ti chiama spesso Sandra?

1. aspettare dopo le lezioni   ....

2. invitare a casa sua   ....

3. cercare spesso   ....

4. ascoltare sempre   ....

5. vedere ogni giorno   ....

E. Write affirmative answers to the questions in Exercise D.

> Ti chiama spesso Sandra?   Sì, mi chiama spesso.

1. ....

2. ....

3. ....

4. ....

5. ....

F. Answer the following questions, using direct-object pronouns in your responses.

> Elena, chiami tua zia?   Sì, la chiamo.

1. Mario, ascolti i dischi americani?

....

2. Signor Massimi, guarda spesso la televisione?

....

3. Ragazzi, mi aspettate per favore?

....

4. Lorenzo, ci inviti al cinema?

....

5. Mamma, mi ascolti?

....

6. Signorina Pinelli, mi chiama domani, per favore?

....

7. Sergio, inviti anche il mio amico Paolo?

....

8. Professor Velotti, vede spesso i miei genitori?

....

G. Say that you prefer doing the following things. Write out the answers, replacing the noun phrases with direct-object pronouns.

> comprare il cappotto rosso   Preferisco comprarlo.

1. vedere quel film   ....

2. leggere una rivista   ....

3. incontrare gli amici   ....

4. aspettare mia zia   ....

5. chiamare le amiche   ....

H. Use the correct form of *andare* or *dare* according to the meaning of the sentences.

1. Mio padre .... allo stadio.

2. Pino .... il suo numero di telefono a Lisa.

3. Carlo e Daniela .... in biblioteca.

4. Io .... a fare una gita.

5. Gli studenti .... i compiti al professore.

6. Tu .... in centro.

7. Voi .... il quaderno a Stefano.

8. Anna ed io .... alla stazione.

Lezione 11ª / BUON VIAGGIO!

A. Write complete sentences saying that the following people are tired.

> Fabrizio   Fabrizio è stanco.

1. Vincenzo e Dino   ....

2. mia sorella   ....

3. Patrizia e Silvana   ....

4. i tuoi genitori   ....

5. il professore   ....

6. Laura e sua madre   ....

B. Say that the following people are nice.

> tua sorella   Tua sorella è simpatica.

1. Graziella e Pina   ....

2. i loro cugini   ....

3. il tuo amico   ....

4. la madre di Michele   ....

5. lui   ....

6. i nostri professori   ....

C. Write complete sentences stating how many of the people or things mentioned are in Milan.

> dieci/liceo classico   A Milano ci sono dieci licei classici.

1. cinque/biblioteca pubblica

....

2. tre/fabbrica di automobili

....

3. molto/meccanico

....

4. due/amico di Giuseppe

....

5. molto/medico ricco

....

6. molto/giovane simpatico

....

D. Describe the following things, saying that they are long.

> questa gonna   Questa gonna è lunga.

1. i film di Fellini   ....

2. le giornate d'estate   ....

3. le ore di scuola   ....

4. il mio cappotto   ....

5. i tuoi pantaloni   ....

6. le lezioni di quel libro   ....

E. Stefano's plans have changed. He's not going to either of the places mentioned.

> al mare/in montagna   Non va né al mare né in montagna.

1. in campagna/ai laghi

....

2. a Roma/a Milano

....

3. in biblioteca/al museo

....

4. alla stazione/in centro

....

5. allo stadio/al teatro

....

6. in albergo/al ristorante

....

F. Say that you are no longer going to do the following things.

> partire per Venezia   **Non parto più per Venezia.**

1. guidare la macchina di mio fratello

....

2. parcheggiare in quella strada

....

3. andare da quel meccanico

....

4. telefonare a mio cugino

....

5. andare in aereo

....

6. prendere l'autobus

....

7. viaggiare in seconda classe

....

8. alloggiare in quell'albergo

....

G.   Patrizia is at the train station talking to the ticket agent. Give the Italian equivalent of their dialogue.

Patrizia: I'd like a round-trip ticket for Naples.

Impiegato: Do you want to travel first or second class?

Patrizia: First class. How much is the ticket?

Impiegato: Fifteen thousand *lire.*

Patrizia: At what time does the train leave?

Impiegato: The train leaves at 8:00 p.m. from track three.

....

....

....

....

....

....

....

Lezione 12ᵃ / **PERUGIA**

A. Write that you did the following things yesterday.

> andare in centro   Sono andato(a) in centro.

1. incontrare Stefania

....

2. entrare con Stefania in un bar

....

3. comprare due gelati

....

4. parlare con Stefania per un'ora

....

5. visitare i Musei Capitolini

....

6. tornare a casa alle tre del pomeriggio

....

B. Restate in the present perfect with *avere.*

1. Maurizio frequenta l'Accademia delle Belle Arti.

....

2. Kathy e la sua amica Carol visitano il capoluogo dell'Umbria.

....

3. Io conosco suo fratello.

....

4. Noi finiamo di fare i compiti.

....

5. La bellezza di questa ragazza mi colpisce.

....

6. Giacomo mi vende il suo televisore.

....

C. Complete the sentences with one of the verbs listed below. Use the present perfect tense of each verb.

conoscere	andare	partire
tornare	visitare	viaggiare

L'anno scorso Rossana e Silvana .... per l'Europa. ....

in aereo ed .... tre paesi interessanti, l'Italia, la Francia e la Svizzera. In questi

paesi .... in treno ed in macchina ed .... molti

giovani simpatici. .... negli Stati Uniti un mese dopo.

D. Answer the following questions, using the present perfect tense.

1. Hai studiato la lezione per domani?

....

2. Hai parlato con la professoressa d'italiano?

....

3. Hai conosciuto l'amico di tua sorella?

....

4. Hai guidato mai una macchina?

....

5. Hai veduto qualche film italiano?

....

E. Answer the following questions, using the present perfect tense.

1. Sei andato(a) a scuola lunedì scorso?

....

2. Sei arrivato(a) in ritardo?

....

3. A che ora sei uscito(a) di casa stamattina?

....

4. A che ora sei tornato(a) a casa ieri pomeriggio?

....

F. Cruciverba

ORIZZONTALI

1. to spend
5. blue
6. to postpone
8. she reads
9. my
10. where
12. you pick up
14. month
16. he works
17. pink
18. I
19. to go
20. but

VERTICALI

1. to do
2. elegant
3. to give
4. he postpones
5. white
7. she goes out
10. request
11. suit
13. instead
15. I have
16. wool

G. Give the Italian equivalent for the following sentences. Use the present perfect tense.

1. This morning Paola and I went to the store.

....

2. Paola bought some beautiful dresses.

....

3. I found a red wool hat and a blue velvet jacket.

....

4. I did not see many people in that store.

....

5. Later we met our friends and we went to a *bar*.

....

6. We went from one place to another.

....

Lezione 13ª / DA QUANTO TEMPO SEI A ROMA?

A. Write sentences describing what Cristina has done. Use the present perfect tense of the verbs given.

scrivere	bere
fare una gita	chiudere
aprire	nascere
leggere	rispondere
perdere	discutere

1. ....

2. ....

3. ....

4. ....

5. ....

6. ....

7. ....

8. ....

B. You are being interviewed for a job as a town guide. Write the answers to the questions you are being asked.

Employer: Buon giorno, signore (signorina). Come si chiama lei?

(You): ....

Employer: Qual è il suo indirizzo?

(You): ....

Employer: Quando è nato(a) lei?

(You): ....

Employer: Da quanto tempo abita in questa città?

(You): ....

Employer: Ha fatto molti viaggi lei?

(You): ....

Employer: Ha visto molte città e paesi?

(You): ....

Employer: Ha letto libri sui musei e monumenti della nostra città?

(You): ....

Employer: Ha risposto alle domande del nostro questionario?

(You): ....

Employer: Ha messo la firma sulla domanda d'impiego?

(You): ....

Employer: Ha preso mai i mezzi pubblici della città?

(You): ....

C.   Replace the italicized noun phrases with possessive pronouns.

> *La sua casa* è bella.   La sua è bella.

1. *Il nostro cane* è bianco.

....

2. *I loro bambini* sono nervosi.

....

3. *La sua città* ha molti parchi.

....

4. *Le mie piante* sono in salotto.

....

5. *I suoi fiori* sono freschi.

....

6. *Il tuo giardino* è splendido.

....

7. *Le vostre aiuole* sono magnifiche.

....

D.   Franco doesn't hear too well what the different people say. Give an appropriate answer to each question, using the present tense of the verb.

> Che dici?   Dico che non bevo caffè.

1. Che dice Anna?   ....

2. Che dite tu ed Enrico?   ....

3. Che dicono i ragazzi?   ....

4. Piero, che dici?   ....

5. Signori, che dicono loro?   ....

6. Signorina, che dice lei?   ....

E. Write the answer to each question in the present perfect.

> Che hai detto?   Ho detto che non ho bevuto il caffè.

1. Che ha detto Anna?

....

2. Che avete detto tu ed Enrico?

....

3. Che hanno detto i ragazzi?

....

4. Che hai detto, Piero?

....

5. Signori, che hanno detto loro?

....

6. Signorina, che ha detto lei?

....

*Lezione 14*ᵃ / UNA GITA

A. Write a brief paragraph explaining how you usually begin and end a weekday. You may need the following vocabulary.

svegliarsi	presto
alle sei	prepararsi
vestirsi	alzarsi
mettersi	lavarsi
recarsi	addormentarsi

Ogni ....

....

....

....

....

B. Write a brief paragraph explaining how you spent last Sunday. You may need the following words in addition to the ones given for Exercise A.

divertirsi	sentirsi
andare al mare	andare in macchina
andare in campagna	andare allo stadio, al museo, al
fare una gita	cinema, etc.

Domenica scorsa ....

....

....

....

....

C. Read the following information about Claudia and Federico. Then provide the answers given by Claudia to her friend Nicola.

> Claudia e Federico sono buoni amici. Si sono incontrati l'anno scorso al mare ed
> ora si vedono spesso. Qualche volta si aiutano anche a studiare ed a fare i compiti.

Nicola: Quando vi siete incontrati tu e Federico?

Claudia: ....

Nicola: Dove vi siete incontrati?

Claudia: ....

Nicola: Vi vedete spesso?

Claudia: ....

Nicola: Vi siete visti ieri sera?

Claudia: ....

Nicola: Vi aiutate a studiare?

Claudia: ....

Nicola: Vi scrivete lettere e cartoline quando andate in vacanza?

Claudia: ....

D. You and your friends are making plans to climb a mountain. State who is going with whom. Use the correct form of *venire* in each statement.

>   > Laura/io   **Laura viene con me.**

1. tu/lui   ....

2. Cristina ed Enzo/loro   ....

3. Carla/noi   ....

4. Fabio e tu/io   ....

5. le sorelle di Luciana/tu   ....

6. Daniele/voi   ....

E. Everyone in your family leaves the house at a different hour in the morning. Use the verb *uscire*.

> mio fratello/alle otto   Mio fratello esce alle otto.

1. le mie sorelle/alle nove

....

2. tu/alle sette

....

3. mio padre/alle otto e mezzo

....

4. voi/alle nove e mezzo

....

5. io/alle nove

....

6. io e le mie sorelle/alle nove

....

F. Express in Italian.

1. He puts on his hat.   ....

2. Did she put on her skirt?   ....

3. We wash our faces.   ....

4. Did they put on their jackets?   ....

5. I don't wash my hands.   ....

6. You (pl.) put on your shirts.   ....

ORIZZONTALI

1. parliament
6. the
7. result
9. yes
11. to open
14. summer (adj.)
16. future
19. valley
20. in
21. town, small city
22. but

VERTICALI

1. political party
2. to stay
3. you put
4. yours
5. with
8. train
10. in
12. they talk
13. vine
15. study
16. film
17. a, an
18. eight
19. you see

Lezione 15ª / FINE-SETTIMANA SULLA NEVE

A. Read the following information about the Dentini family. Then form complete sentences, explaining what they will do during their vacation.

> I signori Dentini partiranno per le vacanze la settimana prossima. Con loro
>
> porteranno anche i loro genitori ed i loro tre bambini, Fabio, Marina e Stefano.

1. Fabio e Stefano/giocare a pallone

....

2. Marina/giocare a tennis

....

3. la signora Dentini/nuotare

....

4. il signor Dentini/andare in barca

....

5. i nonni/alzarsi presto la mattina

....

6. la nonna/discutere con il nonno

....

7. la famiglia Dentini/divertirsi molto

....

B. Answer the following statements in the negative. Use the future of probability in your responses.

> Sono le otto.   ....No, saranno.................. le otto e mezzo.

1. Papà torna domani sera.

.... questo pomeriggio.

2. I nonni partono oggi.

.... domani.

3. L'aereo arriva a mezzogiorno.

....all'una.

4. L'impiegato apre il negozio alle nove.

.... alle nove e mezzo.

5. Linda viene a casa a piedi.

.... con l'autobus.

6. Tu esci alle undici.

.... alle dieci.

7. Andiamo al ristorante stasera.

....domani sera.

C. Write a note to your cousin Laura and tell her you will go to Florence next Wednesday and you would like to see her. Choose the verbs from the list below, using the appropriate future forms.

avere	bere
andare	telefonare
venire	arrivare
vedere	essere

Cara Laura,

   mercoledì prossimo .... a Firenze. Ti ....

non appena .... alla stazione. Non .... molto

tempo libero, ma ti .... con piacere. ....

qualcosa insieme e poi .... all'università. .... alla

stazione verso le dieci di mattina. Ciao.

                                                    ....

D. Rewrite the following sentences, replacing the italicized noun phrases with pronouns.

   > Ho incontrato *Marcella* al mercato.   L'ho incontrata al mercato.

1. Hai bevuto *l'aranciata?*

....

2. Avete passato *le vacanze* al mare?

....

3. Abbiamo restituito *i libri* al professore.

....

4. Il mio amico ha invitato *Pietro e Michele*.

....

5. I miei genitori hanno messo *la macchina* nel garage.

....

E. Give affirmative answers to the following questions, using pronouns.

> **Luciana, ti ha chiamato(a) Marco?** **Sì, mi ha chiamato(a).**

1. Papà, ti ha visto l'ingegner Carlini?

....

2. Bambini, vi hanno invitato a mangiare il gelato?

....

3. Ragazzi, ci avete ascoltato?

....

4. Massimo, mi hai capito?

....

F. Complete the following dialogue with suitable words.

svendita	decidere
risparmiare	partenza
prezzo	dormire
stabilire	usare
sciare	telefonare
abitare	volere
comprare	tornare

Franco: Mario, ... venire a passare un fine-settimana sulla neve?

Mario: Va bene, però devo comprare un nuovo paio di sci.

Franco: Io li ho visti in svendita in un negozio di via Salaria. Perché non vai a .... là?

Mario: Certo, hai ragione. Con i prezzi di oggi .... è sempre utile. Hai già deciso

dove .... a sciare?

Franco: A Campo Imperatore, negli Abruzzi.

Mario: Dove .... ?

Franco: Mia nonna .... in un paese lì vicino. Forse avremo la possibilità di stare a

casa sua.

Mario: Davvero?

Franco: Sì. Le .... appena .... a casa.

Mario: Andremo con l'autobus?

Franco: No, ... la mia macchina, così staremo più comodi.

Mario: Magnifico! Sarà proprio una bella gita.

Franco: Ti chiamo domani sera, così .... insieme l'ora della partenza.

Mario: D'accordo, ciao.

Lezione 16ᵃ / LO SCIOPERO A SINGHIOZZO

A. Rewrite the following sentences, replacing the words in italics with indirect-object pronouns.

> Telefoni all'ingegnere?   Gli telefoni?

1. Spedisco un regalo *allo zio.*

....

2. Abbiamo offerto un aperitivo *ai signori Cristini.*

....

3. Perché non telefoni *alla professoressa?*

....

4. La signora Massimi mostra la sua casa *alle amiche.*

....

5. Hai dato il nostro numero di telefono *all'avvocato?*

....

6. Avete mandato il questionario *alla signorina Bruni?*

....

B. Write the answers to the following questions in the affirmative.

1. Mi consigli di partire?

....

2. Ci prestate la macchina?

....

3. Mario, ti ha scritto la tua amica?

....

4. Signora, mi dà il suo passaporto?

....

5. Signor Franchi, ci telefona più tardi, per favore?

....

C. Mr. Boni is a physical education instructor. Describe the sports he is teaching to his students. Use *insegnare* and the appropriate indirect-object pronouns.

>

Gli insegna a sciare.

1. .... 2. ....

3. .... 4. ....

5. .... 6. ....

D. Rewrite the sentences in Exercise C, indicating that Mr. Boni teaches each one of the sports to the people indicated in parentheses.

> (to him)   **Gli insegna a sciare.**

1. (to me)   ....

2. (to us)   ....

3. (to you, *fam.*)   ....

4. (to you, *fam. pl.*)   ....

5. (to her)   ....

6. (to them)   ....

E. State that the following people are taking a trip by using the different means of transportation indicated in the drawings.

1. I signori Innocenti ....

2. Le signorine Montesi ....

....

....

3. La signora Pontini ....

4. La famiglia Marchini ....

....

....

5. I ragazzi .... 6. Michele ....

   ....

F. Rewrite the sentences in Exercise E, using the subject pronouns indicated in parentheses.

1. (tu) ....

2. (noi) ....

3. (lei) ....

4. (loro) ....

5. (voi) ....

6. (lui) ....

Lezione 17ª / L'INGORGO

A. Michele wakes up one morning feeling quite ill. Write what hurts him. Use the expression *fare male.*

> stomaco   Gli fa male lo stomaco.

1. la testa ....

2. i denti ....

3. le gambe ....

4. il collo ....

5. l'orecchio destro ....

6. le braccia ....

B. Angela is babysitting. She tells the child she's taking care of to do the following things. Write down what she says.

> giocare con il cane   Gioca con il cane!

1. finire il gelato

....

2. scendere dalla sedia

....

3. guardare la televisione

....

4. mangiare un panino

....

5. bere il latte

....

6. essere buono

....

7. andare a giocare con i bambini

....

8. dare l'acqua al cane

....

9. stare in giardino

....

10. fare i compiti

....

C. Angela, the babysitter in Exercise B, is telling the child *not* to do certain things. Write down what she says.

    > giocare con il cane   Non giocare con il cane!

1. andare in salotto   ....

2. guardare la televisione   ....

3. prendere il telefono   ....

4. bere il caffè   ....

5. essere cattivo   ....

D. Miss Mancini is a teacher. She tells her students what to do. Write what she says.

    > rispondere alle domande   Ragazzi, rispondete alle domande!

1. aprire il libro

....

2. leggere il dialogo

....

3. prendere un foglio di carta

....

4. scrivere queste parole

....

5. essere buoni

....

6. aspettare un momento

....

7. finire la lezione per domani

....

E. Sandro is suggesting that he and his brothers do the following things.

> andare al mare   **Andiamo al mare.**

1. giocare a tennis   ....

2. fare una gita   ....

3. bere qualcosa   ....

4. vedere un bel film   ....

5. pulire la macchina   ....

6. partire presto   ....

F. You and your friends have arrived at the beach. Everyone wants to do a different thing. Use the verb *volere.*

> Luca/andare in barca   **Luca vuole andare in barca.**

1. Alessandra/mangiare qualcosa

....

2. tu/nuotare

....

3. noi/bere un'aranciata

....

4. le ragazze/fare una passeggiata

....

5. io/cercare un'amica

....

6. tu e Franco/leggere il giornale

....

G. You and your friends are working on a school project. Write what each has to do, using the verb *dovere*.

> tu/andare in biblioteca   Tu devi andare in biblioteca.

1. noi/rispondere a queste domande

....

2. Gina/leggere questa rivista

....

3. voi/studiare questo problema

....

4. Carla e Marco/scrivere i risultati

....

5. io/spedire i questionari

....

6. Fabrizio/fare molte telefonate

....

H. Gianni is telling his friend Piero that he and some other friends can't go on a trip they had already planned. Write what he says, using the verb *potere*.

> mio fratello   Mio fratello non può venire.

1. io   ....

2. Graziella e Giuliana   ....

3. noi   ....

4. Alfredo   ....

5. tu ed Alberto   ....

6. loro   ....

Lezione 18ª / IL TELEGIORNALE

A. Write which cities the following people left for last week. Begin each sentence with *La settimana scorsa . . .*

mio padre / Napoli

La settimana scorsa mio padre è partito per Napoli.

1. il dottor Bardini / Pisa

....

....

2. le sorelle di Massimo / Nuova York

....

....

3. Valerio / Venezia

....

....

4. noi / Roma

....

....

5. suo zio / Firenze

....

....

6. tu / Parigi

....

....

B. Describe a country or a city. Try your description on your classmates and see if they can identify the place you have in mind.

> Vorrei visitare una città europea. È al sud dell'Europa e vicino al mare. In questa città ci sono molti monumenti antichi, molti negozi eleganti ed è anche la capitale del paese. Di quale città si tratta? —Roma.

....

....

....

....

....

....

C. You have an international group of friends. Write a complete sentence saying where they used to study.

1. Giancarlo e Marina/Inghilterra

....

2. Valeria/Germania

....

3. noi/Ginevra

....

4. tu/Vienna

....

5. la moglie di Sergio/Olanda

....

6. voi/Madrid

....

D. Write what Giulio used to do while he was vacationing in the country. You may need the following expressions.

andare a nuotare al lago   giocare a pallone

fare molte passeggiate   divertirsi con gli amici

alzarsi presto la mattina   prendere il caffè al bar del paese

mangiare in un'osteria

Quando era in campagna, Giulio ....

....

....

....

....

E. Complete the reading with the appropriate verb form. Choose from the following list.

giocavamo	erano	facevano
vedevo	eravamo	ci siamo divertiti
è partita	era	siamo stati
è andato	ho incontrato	abitavamo

Ieri .... un mio vecchio amico. .... dieci anni

che non .... Vittorio. Quando .... bambini

.... nello stesso palazzo. Lui .... un ragazzo

molto allegro ed energico. Spesso .... fra noi e qualche volta le nostre famiglie

.... gite insieme. Un estate .... tutti al mare per

quindici giorni e .... molto. Poi suo padre .... a

lavorare a Milano e tutta la famiglia .... con lui per il nord Italia.

F. Identify the name of the countries shown on the map.

1. ....

2. ....

3. ....

4. ....

5. ....

6. ....

7. ....

8. ....

9. ....

G. Write a ten-line paragraph on the Common Market based on the reading on page 189 of the text.

Il Mercato comune europeo ....

....

....

....

....

....

....

....

....

....

Lezione 19ᵃ / AD UNA FESTA IN CASA DI AMICI

A. Say that your friend Valerio is going skiing with the following people. Use a disjunctive pronoun in your responses.

> Carla   Valerio va a sciare con lei.

1. Paolo e Marco   ....

2. tu   ....

3. Maria Pia   ....

4. Elena ed io   ....

5. io   ....

6. voi   ....

7. noi   ....

8. tu e Gianna   ....

B. Write that your sister likes to do some things, but not others.

> cucinare/pulire la cucina   Le piace cucinare, ma non le piace pulire la cucina.

1. ascoltare i dischi/ballare

....

2. sciare/nuotare

....

3. andare in aereo/andare in treno

....

4. andare in bicicletta/andare in motocicletta

....

5. leggere le riviste/studiare

....

6. andare al cinema/guardare la televisione

....

C. Write questions, asking the following people if they liked certain things or places.

> Alberto/quella commedia   Ti è piaciuta quella commedia?

1. Paola e Luigi/la Spagna

....?

2. professor Meli/quel film di Antonioni

....?

3. Silvia/gli spaghetti alla carbonara

....?

4. Michele e Lorenzo/le amiche di Elena

....?

5. signora Montesi/il Portogallo

....?

6. due bambini/il gelato

....?

D. Explain that you like the foods on the left, but not those on the right.

> Mi piacciono gli spaghetti, ma non mi piace la minestra.

1. ....

2. ....

3. ....

4. ....

5. ....

E.   There is going to be a party at school. Each person is going to bring something to eat or use. Write down the new sentences, using the verb *portare* and the partitive.

> noi/sedie   Noi portiamo delle sedie.

1. Giuseppe/dischi italiani

....

2. Michele/caffè

....

3. le ragazze/forchette e cucchiai

....

4. tu/dolci

....

5. io/latte

....

6. voi/tovaglioli

....

7. Maurizio/zucchero

....

8. Pierluigi e tu/bicchieri

....

F. Form simple sentences and change the adjectives to adverbs in -*mente*.

> suo padre/partire/improvviso   Suo padre è partito improvvisamente.

1. quei ragazzi/studiare/continuo

....

2. professore/ascoltare/studenti/paziente

....

3. mio fratello/entrare/in camera da letto/silenzioso

....

4. io/chiamare/medico/immediato

....

5. aereo/partire/sicuro

....

6. Etruschi/abitare/in Umbria/antico

....

7. avvocato/rispondere/a lui/gentile

....

8. a mia nonna/piacere/viaggiare/comodo

....

9. quella ragazza/mi chiedere/passaggio/timido

....

10. la sua lettera/arrivare/finale

....

Lezione 20ª / SCIOPERO GENERALE

A. People's occupations are generally involved with products, services, places of work, etc. Match items with related professions and occupations. There are two extra items.

1. falegname	a. fabbrica	1. ....
2. idraulico	b. automobile	2. ....
3. medico	c. negozio	3. ....
4. meccanico	d. legge	4. ....
5. muratore	e. ospedale	5. ....
6. commerciante	f. rivista	6. ....
7. calzolaio	g. sedia	7. ....
8. avvocato	h. mare	8. ....
9. giornalista	i. scarpe	9. ....
10. operaio	j. pallone	10. ....
	k. acqua	
	l. casa	

B. Write answers to the following questions. In your answers use the adverb *ci* to replace the italicized words.

> Vai spesso *alla partita?*   Sì, ci vado spesso.

1. Venite spesso *a Firenze?*   ....

2. Cosa metti *nella borsa?*   ....

3. Cosa scrive *su quel foglio
   di carta?*   ....

4. Quando andate *dal meccanico?*   ....

5. Vuoi venire *in centro con me?*   ....

6. Chi ti porta *alla stazione?*   ....

C. Cruciverba

ORIZZONTALI

1. price
3. stop
5. delay
8. ski
9. to bring up
12. party
14. fashion
16. article *(f. sg.)*
17. excuse
20. to sit
21. *a te* (indirect-object pronoun)
22. *il contrario di sì*
24. expert
25. pair

VERTICALI

1. *il contrario di arrivo*
2. aunt
4. friends
6. traffic
7. *dieci meno otto*
10. street
11. he postpones
13. between
15. increase
18. *quindici meno nove*
19. snow
20. they are
21. *trenta meno ventisette*
23. but

D. Mrs. Giglioli asks her husband if he bought some of the things she needed. Write the husband's answers, replacing the partitive with *ne*.

> **Hai comprato del pane?** **Sì, ne ho comprato.**

1. Hai comprato del dolce? ....

2. Hai comprato del latte? ....

3. Hai comprato delle riviste? ....

4. Hai comprato delle matite? ....

5. Hai comprato dello zucchero? ....

E. Replace the italicized noun phrases with the pronoun *ne* and rewrite the sentences.

> **Ho visto due *film francesi*.** **Ne ho visti due.**

1. Hanno conosciuto tre *ragazze americane.*

....

2. Ha letto *una rivista.*

....

3. Hai speso solo *duemila lire?*

....

4. Ho bevuto due *bicchieri di latte.*

....

5. Diana ha mangiato tre *mele.*

....

6. I signori Ferrini hanno comprato cinque *quadri originali.*

....

F. Complete the sentences with the appropriate form of *tutto*.

1. L'impiegato ha finito .... il lavoro.

2. Il commerciante ha venduto .... le scarpe.

3. Ho letto .... la rivista.

4. I miei amici hanno visto .... le partite di calcio di quest'anno.

5. Marco ha letto .... i libri di Moravia.

6. Il bambino ha mangiato .... la minestra.

G. You and your friends have formed a study group. Each of you prepares a lesson and then reports on it to the rest of the group. Write which lesson each of you prepares.

> tu/21   Tu prepari la lezione ventunesima.

1. lei/18

....

2. Luisa/20

....

3. Marco/15

....

4. Maria/12

....

5. Angela/9

....

6. io/10

....

7. Laura/11

....

8. Valerio/23

....

Lezione 21ª / CHE PARTITA È IN PROGRAMMA?

A. Mr. Ferretti has to write several checks *(assegni)* to pay his utility bills. Write out the amounts he has to pay.

1.

N. 13   5 Maggio   19 78   £ 42.500

Assegno pagabile   all'Ente Nazionale per l'Energia Elettrica

Francesco Ferretti

Banca Commerciale Italiana

2.

N. 14   5 Maggio   19 78   £ 22.645

Assegno pagabile   alla Romanagas

Francesco Ferretti

Banca Commerciale Italiana

3.

N. 15   5 Maggio   19 78   £ 18.250

Assegno pagabile   alla RAI-TV

Francesco Ferretti

Banca Commerciale Italiana

4.

```
N. 16                            5 Maggio  19 78   £ 23.990

      Assegno pagabile    alla Società per l'Esercizio Telefonico
      _____

                                    Francesco Ferretti
                                   _____

Banca Commerciale Italiana
```

B. Replace the italicized words with appropriate pronouns and rewrite the sentences.

> Ti ha letto *la lettera?*   Te l'ha letta?

1. Gli chiedo *il numero di telefono.*   ....

2. Mi danno *un passaggio.*   ....

3. Ci hanno venduto *il televisore.*   ....

4. Le dai *una mela?*   ....

5. Marco vi presta *la sua macchina.*   ....

C. Replace the italicized words with the appropriate direct-object and indirect-object pronouns and rewrite the sentences.

1. Mariella scrive *una cartolina a suo padre.*

....

2. Enzo fa *una telefonata ai genitori.*

....

3. Sua sorella ha dato *l'indirizzo a noi.*

....

4. I nonni mandano sempre *i regali ai nipoti.*

....

5. Ho comprato *le riviste a mio fratello.*

....

D. Massimo is asking Vittorio about his sisters. Take Massimo's place in asking the questions.

Massimo: Quante ....?

Vittorio: Ho due sorelle.

Massimo: Come ....?

Vittorio: Una si chiama Cristina e l'altra Adriana.

Massimo: Quale ....?

Vittorio: Adriana frequenta l'università.

Massimo: Quanti ....?

Vittorio: Cristina ha sedici anni.

Massimo: Che ....?

Vittorio: Cristina frequenta l'istituto magistrale.

E. Marcella asks her brother Luigi what he is doing. Take Marcella's place and ask the questions, using *quale, quanto, che, cosa*, etc.

Marcella: ....?

Luigi: Leggo una lettera.

Marcella: ....?

Luigi: Mi ha scritto Sergio.

Marcella: ....?

Luigi: Dice che verrà a Napoli martedì prossimo.

Marcella: ....?

Luigi: Viene con un amico.

Marcella: ....?

Luigi: Vengono con il treno.

Marcella: ....?

Luigi: Il treno arriva alle due del pomeriggio.

Marcella: ....?

Luigi: Vado a prenderli io alla stazione.

F.   Give the Italian equivalent of the following sentences.

1.   Will you let me know?

....

2.   How much are the tickets?

....

3.   What is today's date?

....

4.   Which records did you buy?

....

5.   What time is it?

....

6.   Who answered the phone?

....

7.   Whose car is it?

....

Lezione 22ᵃ / "FORZA NAPOLI!"

A. Change the italicized verbs to the progressive tenses.

1. *Imparo* l'italiano.

   ....

2. Michele e Paolo *giocano* a tennis.

   ....

3. Quelle ragazze *parlavano* con il professore.

   ....

4. *Leggi* il giornale?

   ....

5. *Salutiamo* gli amici di tua madre.

   ....

6. *Scrivevate* sulla lavagna.

   ....

7. Marisa *si lavava* i capelli.

   ....

8. *Andavo* al mercato quando ho incontrato Filippo.

   ....

B. Combine the two sentences with the appropriate relative pronoun *che* or *cui*. Rewrite the sentences.

> Il bambino va in bicicletta.
> È il figlio di Patrizia.   Il bambino che va in bicicletta è il figlio di Patrizia.

1. I giovani portano la bandiera. Sono i tifosi della Roma.

   ....

2. Le ragazze sono americane. Valerio parla con loro.

   ....

3. Scrivo a mia sorella. Abita a Milano.

....

4. Mia madre ha fatto i dolci. Tu li mangi.

....

5. Nello stadio c'è un tabellone. Sul tabellone c'è la scritta "Forza Napoli".

....

6. Chi è quell'uomo? Sta fischiando.

....

7. Quel libro è interessante. Lo sta leggendo mio fratello.

....

8. Ho invitato al cinema quella ragazza. Sono andato a sciare con lei domenica scorsa.

....

9. Quella signora è la madre di Roberto. L'abbiamo salutata.

....

10. I tifosi sono sui torpedoni. Sono napoletani.

....

C. Describe what the following people are doing, using the progressive tenses.

1. I due amici ....

....

2. Marco ....

....

3. Roberto ....

....

4. La bambina ....

....

5. Angela e Carlo ....

....

6. Io ....

....

D. Ask questions using the conditional tense.

> tua sorella: portare la macchina dal meccanico   Porteresti la macchina dal meccanico?

1. Pietro e Luigi: andare alla partita domani

....?

2. la signorina Magli: potere telefonare stasera

....?

3. Patrizia: fare una passeggiata con me

....?

4. i signori Ponti: venire alla mia festa

....?

5. tuo cugino: prestare la bicicletta a mia sorella

....?

6. il tuo amico: bere qualcosa

....?

7. Michele e Cristina: volere fare un viaggio all'estero

....?

8. il tuo vicino di casa: dare un passaggio a mio fratello

....?

E. Write that you and your friends would never do certain things.

> andare al mare con loro   Noi non andremmo mai al mare con loro.

1. fare una festa ogni fine-settimana

....

2. vedere la partita in televisione

....

3. alzarsi così presto

....

4. lavorare la domenica

....

5. prendere l'autobus di sera

....

6. parcheggiare in quella strada

....

7. abitare a Milano

....

8. leggere quel giornale

....

9. uscire dopo le undici di sera

....

10. votare per quel partito

....

Lezione 23ª / UN PROBLEMA MODERNO

A. Form sentences, using the impersonal expression *È probabile* and the cues indicated.

> > Marco/prendere il treno   È probabile che Marco prenda il treno.

1. noi/andare a Venezia

....

2. loro/avere l'indirizzo del dottor Chellini

....

3. la zia/venire da sola

....

4. voi/uscire verso le quattro

....

5. Giuseppe/telefonare domani mattina

....

6. tu/partire il mese prossimo

....

B. Mr. and Mrs. Pesenti are leaving for a trip. They are going to the mountains. Write that they hope to have a pleasant vacation.

> > non fare freddo   Sperano che non faccia freddo.

1. non esserci traffico sull'autostrada

....

2. l'albergo essere comodo

....

3. esserci molti buoni ristoranti

....

4. degli amici andare con loro

....

5. i bambini divertirsi

....

6. l'albergo avere una bella piscina

....

C. Write that you are sorry about certain things. Begin each sentence with *mi dispiace*.

> tu/non potere venire alla partita   **Mi dispiace che tu non possa venire alla partita.**

1. loro/dire queste cose

....

2. voi/dovere partire

....

3. lei/andare ad abitare così lontano

....

4. Massimo e Luciana/non avere molto tempo libero

....

5. la sua macchina/essere dal meccanico

....

6. tu/avere mal di testa

....

D. Change the present subjunctive to the present perfect subjunctive.

> È giusto che Mauro *parli* con lui.   È giusto che Mauro abbia parlato con lui.

1. Dubito che *leggano* questa rivista.

....

2. Non crede che *facciano* un viaggio all'estero.

....

3. Gli dispiace che gli *telefonino* in ufficio.

....

4. È probabile che l'impiegato gli *dia* il certificato.

....

5. Teme che non mi *prepari* bene per il dibattito.

....

6. È difficile che i suoi parenti *arrivino* questo pomeriggio.

....

7. È possibile che non *capisca* la domanda.

....

8. È bene che voi *veniate* con noi.

....

9. Siamo sorpresi che tu *parta* in fretta e furia.

....

10. Non so se Piero *partecipi* al dibattito.

....

E. Express your opinion with one of the following impersonal expressions: *è giusto, è bene, è meglio, è importante, è preferibile, è possibile, è necessario, è impossibile.*

1. .... rispondere bene al professore.

2. .... finire questo lavoro.

3. .... usare la macchina.

4. .... fare un regalo ai bambini.

5. .... comprare quella rivista.

6. .... dormire sette ore al giorno.

7. .... mandare i bambini al mare.

8. .... pulire la stanza di Paola.

F. Cruciverba

ORIZZONTALI

1. authority
4. we
6. article *(m. sg.)*
7. fan
10. labor union
11. indirect-object pronoun
13. girlfriend
14. but
16. *otto meno sei*
18. rooting, cheering
19. what
20. year
21. *il contrario di sì*
22. *il contrario di più*
24. to the
25. request
26. if
28. to develop

VERTICALLI

1. highway
2. to remain
3. personal pronoun
4. name
5. pollution
8. finally
9. firm
12. to surround
15. to say
17. a, an
22. my, mine
23. chaos
25. of the
27. *avere,* present, 3rd sg.

Lezione 24ᵃ / UN'INCHIESTA

A. You are looking at a little girl playing in the park. Describe what she does and what she is wearing. Use diminutives of the italicized words.

> portare un *vestito* rosso   La bambina porta un vestitino rosso.

1. giocare con il *fratello*

....

2. avere una *barca*

....

3. essere vicino al *lago*

....

4. portare un bel *cappello* bianco

....

5. parlare con dei *ragazzi*

....

6. dare la *borsa* alla *nonna*

....

7. farsi male alla *mano*

....

8. dare dei *pezzi* di pane agli *uccelli*

....

B. Write what Enzo and Gianni do or do not do although *(=nonostante)* there seem to be some obstacles. Complete each sentence with an expression from the list and change the infinitive to the appropriate verb form.

il treno stare per arrivare   piovere

stare studiando Scienze Politiche   partire fra due ore

non esserci posti liberi   avere la macchina

laurearsi fra un anno   non avere fatto le prenotazioni

1. Non hanno fatto le valige nonostante ....

2. Non sono ancora qui nonostante ....

3. Sono partiti lo stesso nonostante ....

4. Sono entrati nel teatro nonostante ....

5. Vanno a nuotare nonostante ....

6. Preferiscono andare a piedi nonostante ....

7. Vanno già a cercare lavoro nonostante ....

8. Vogliono diventare medici nonostante ....

C. Write your friend not to come in case *(=in caso che)* some things prevent him from doing so. Complete each sentence with an expression from the list and give the appropriate verb form.

dovere andare dal medico   fare cattivo tempo

non avere un passaggio   tuoi cugini venire da te

volere studiare   non potere finire i compiti

1. Non venire in caso che ....

2. Non venire in caso che ....

3. Non venire in caso che ....

4. Non venire in caso che ....

5. Non venire in caso che ....

6. Non venire in caso che ....

D. Maria Pia has two very nice boyfriends. She doesn't know whom to choose. Both have similar qualities. Write about Marco and Sergio, using the given adjectives or phrases.

>   simpatico   **Marco è simpatico quanto Sergio.**

1. ricco   ....

2. avere tanti amici   ....

3. allegro   ....

4. energico   ....

5. alto   ....

6. biondo   ....

E. Vittorio and Teresa are comparing Italian and American films. Write complete sentences, using the correct form of the adjectives indicated.

>   interessante   **I film italiani sono più interessanti dei film americani.**

1. triste

....

2. divertente

....

3. intenso

....

4. complicato

....

5. bello

....

6. noioso

....

7. lungo

....

F. Your sister Luisa and your brother Marcello are exceptional persons in the family. Describe them.

> intelligente   Luisa e Marcello sono i più intelligenti della famiglia.

1. alto

....

2. energico

....

3. giovane

....

4. tranquillo

....

5. timido

....

6. nervoso

....

G. You have just returned from a trip to Italy. Describe the following cities to your friends. Use the superlative form of the adjective.

> Roma/antica   Roma è una città antichissima.

1. Firenze/bella

....

2. Venezia/tranquilla

....

3. Napoli/calda

....

4. Milano/importante

....

5. Perugia/interessante

....

6. Torino/fredda

....

Lezione 25ᵃ / CRISI DI GOVERNO

A. You are holding a political meeting and asking a group of people to vote for the candidate you are campaigning for. Use formal commands.

> **ascoltare con attenzione**   **Signore e signori, ascoltino con attenzione.**

1. votare per l'avvocato Siloni

....

2. dare il voto al nostro partito

....

3. suggerire agli amici ed ai parenti di votare per lui

....

4. non fare attenzione agli altri partiti

....

5. venite tutti a votare domani sera

....

6. mettere una X vicino al nome dell'avvocato

....

B. You are in Piazza di Spagna in Rome and want to know how to go to the beach at Ostia. A police officer is giving you directions.

> **andare a Via Barberini**   **Vada a Via Barberini.**

1. prendere l'autobus numero 56

....

2. scendere alla stazione Termini

....

3. cercare l'entrata della metropolitana

....

4. fare il biglietto

....

5. seguire la scritta "Ostia"

....

6. prendere il treno per Ostia

....

7. scendere alla fermata "Ostia Centro"

....

C. Restate the following commands, replacing the italicized words with an appropriate object pronoun.

> Vediamo *questo film!*   Vediamolo!

1. Scrivete *queste parole!*   ....

2. Rispondi *alla signora!*   ....

3. Non vendere *i tuoi libri!*   ....

4. Finisci *il panino!*   ....

5. Signora, compri *questa bella camicetta!*   ....

6. Chiedano informazioni *a quel carabiniere!* ....

D. Marco and Carlo are going skiing early in the morning. Marco cautions his friend about being on time, and about other things. Express Marco's commands.

> svergliarsi presto   Svegliati presto!

1. alzarsi alle sei

....

2. non mettersi gli scarponi

....

3. mettersi la giacca di lana

....

4. recarsi alla stazione alle sette

....

5. fermarsi vicino al giornalaio

....

6. preoccuparsi di arrivare in tempo

....

E. Replace the italicized nouns with the appropriate object pronouns and rewrite the commands.

1. Fammi *una telefonata* questa sera.

....

2. Dategli *il vostro numero di telefono.*

....

3. Comprale *la bicicletta.*

....

4. Mandiamogli *nostre notizie.*

....

5. Lo dicano *al dottore.*

....

6. Gli restituisca *il dizionario.*

....

7. Portami *il calendario.*

....

8. Non metterti *i guanti.*

....

F. Use the appropriate verb form of either *sapere* or *conoscere,* according to meaning.

1. Mia madre non .... guidare la macchina.

2. .... tu suo fratello?

3. Quei bambini .... pattinare molto bene.

4. Quando Michele andrà in Francia non avrà problemi perché .... molto bene il francese.

5. Io non .... dove abita la mia professoressa d'italiano.

6. I suoi genitori .... tutta la storia degli Stati Uniti.

7. Ragazzi, ... come si chiama la capitale d'Italia?

8. Noi non .... l'Olanda.

Lezione 26ª / IN LIBRERIA

A. Rewrite the sentences, making changes to imply the opposite meaning of the italicized words. Choose the opposites from the list below.

disorganizzazione	ingiusto	scomodo
sconosciuto	sconsigliare	scontento
disoccupazione	sfortunato	

1. Gli hanno *consigliato* di prendere il treno.

....

2. Quegli autori moderni sono *conosciuti.*

....

3. Quelle poltrone sono *comode.*

....

4. Discutono dell'*occupazione* dei giovani.

....

5. In quest' ufficio c'è molta *organizzazione.*

....

6. Quei ragazzi sono molto *fortunati.*

....

7. È una domanda *giusta.*

....

8. Valeria è *contenta* di partire.

....

B. Restate the following sentences in the past.

> È probabile che prenda l'aereo.   Era probabile che prendesse l'aereo.

1. Temono che io non conosca la strada.

   ....

2. Il professore vuole che noi facciamo i compiti tutti i giorni.

   ....

3. Dubito che Maria sappia nuotare.

   ....

4. Non so se quegli studenti conoscano questo scrittore.

   ....

5. È possibile che lei stia leggendo quel romanzo.

   ....

6. Sembra che tu legga con interesse le opere di Pavese.

   ....

7. La nostra professoressa desidera che noi andiamo a quella conferenza.

   ....

8. È necessario che Francesca finisca di leggere quel volume di poesie.

   ....

C. Replace the imperfect subjunctive with the pluperfect subjunctive.

1. Pensava che noi *dessimo* un passaggio a suo figlio.

   ....

2. Era probabile che *andassero* al concerto.

   ....

3. Pareva che loro *stabilissero* l'ora della partenza.

   ....

4. Volevo che tu non *partissi* con la tua macchina.

   ....

5. Credevi che io *fossi* a Parigi?

....

6. Mia madre non sapeva se io *conoscessi* quel ragazzo.

....

7. Era giusto che lo *chiamassero*.

....

8. Non credevano che voi *compraste* la macchina nuova.

....

D. Write what you and your friend would do if you had enough money.

> fare una gita   **Se avessimo abbastanza soldi, faremmo una gita.**

1. andare in Svizzera

....

2. volere vedere quella commedia

....

3. comprare dei dischi nuovi

....

4. partire per Londra

....

5. costruire una barca

....

6. viaggiare spesso

....

E. Complete the sentences with an appropriate word from the list.

migliore	ottimi
pessimo	maggiori
meglio	massima
minore	peggiori

1. Questi dolci sono ....

2. Chi è il .... scrittore italiano?

3. Quali sono le .... opere di Alberto Moravia?

4. Il caffè che abbiamo bevuto in quel bar era ....

5. Ieri mia nonna si sentiva ....

6. La temperatura .... di ieri è stata di 25 gradi centigradi.

7. Teresa è la .... delle sorelle.

8. Hanno preso le .... soluzioni.

Lezione 27ª / ANDIAMO AL CINEMA

A. Complete the sentences with an appropriate word from the list.

professoressa	farmacia
dentista	pescheria
dottoressa	pianista
continuazione	libreria

1. Suona il piano. Fa dei concerti. È una .... famosa.

2. Mariella insegna al liceo. È .... di francese.

3. Il negozio dove si vendono molti libri si chiama ....

4. Quando mi fanno male i denti, vado dal ....

5. Ha studiato medicina e lavora in un ospedale. È una ....

6. Il negozio dove si vendono le medicine si chiama ....

7. Hanno comprato del pesce fresco in quella ....

8. Quel bambino parla in ....

B. Replace the italicized words with an appropriate adjective.

> **gli uffici** *dello stato*   **gli uffici statali**

1. il rappresentante *della regione* ....

2. l'ufficio *della dogana* ....

3. uno scrittore *di fama* ....

4. gli uomini *del Meridione* ....

5. i programmi *delle industrie* ....

6. una giornata *di noia* ....

C. Write that the following things have been done by Carla.

> la cartolina/spedire   La cartolina è stata spedita da Carla.

1. quegli sci/usare

....

2. la gita/organizzare

....

3. quelle poesie/scrivere

....

4. quei romanzi/leggere

....

5. i nonni/chiamare

....

D. Write that the following things are or are not done in this school.

> studiare molto   In questa scuola si studia molto.

1. non vedere molti studenti stranieri

....

2. mostrare film interessanti

....

3. imparare molte cose diverse

....

4. non fare troppe feste

....

5. discutere sempre di politica

....

6. insegnare l'italiano

....

7. non andare in vacanza

....

E   Complete the sentences with an appropriate preposition.

1. Cerca .... studiare di più.

2. Ci mettiamo .... guardare la televisione.

3. Paolo spera .... conoscerla presto.

4. Non riesco .... capire questa parola.

5. L'anno scorso ho imparato .... sciare.

6. I ragazzi si divertono .... giocare a pallone.

7. Marco mi ha venduto la sua macchina .... scrivere.

8. Vorrei qualcosa .... bere.

9. Non c'è niente .... mangiare.

10. Pensava .... telefonargli alle cinque.

F.   Match the following phrases with the appropriate completions.

1. In questo ristorante	a. da fare	1. ....
2. Mi metto	b. famoso	2. ....
3. Hai finito	c. alle registe europee	3. ....
4. Non ho niente	d. prima di partire	4. ....
5. Suggerisce di	e. si mangia bene	5. ....
6. Il programma è dedicato	f. sia un bel film	6. ....
7. La moglie del signor Boni	g. a leggere il giornale	7. ....
8. Fellini è un regista	h. farmacia	8. ....
9. Si dice che	i. è professoressa	9. ....
10. Abbiamo telefonato	j. di studiare?	10. ....
	k. è avvocato	
	l. guardare la televisione	

G. Give the Italian equivalent of the following sentences.

1. What about going to the movies?

....

2. We are about to go to the theater.

....

3. What are you going to see?

....

4. We're going to see a political satire.

....

5. How many tickets do you have?

....

6. We have only two tickets.

....

7. I prefer to go to the movies.

....

8. I'm going to see a film by Bertolucci.

....

9. Have a good time!

....

Lezione 28ª / ARCHITETTURA 2000

A. Write original sentences, using in each sentence at least one word that derives from the words listed below.

scritta	speciale
critica	arancia
giornale	frutta
biglietto	impiego
lettera	natura
pesce	popolo

1. ....

2. ....

3. ....

4. ....

5. ....

6. ....

7. ....

8. ....

9. ....

10. ....

11. ....

12. ....

B. Write about a trip you took to Sardinia two years ago. Use the preterit.

> **passare le vacanze estive in Sardegna**   **Due anni fa passai le vacanze estive in Sardegna.**

1. là incontrare Marina per la prima volta

....

2. imparare ad andare in barca

....

3. conoscere molta gente simpatica

....

4. fare diverse gite con gli amici

....

5. vedere una commedia divertente

....

6. comprare dei bei regali per i miei genitori

....

7. leggere tre romanzi di Elsa Morante

....

8. un giorno sentirsi molto male

....

C. Write about a couple of friends of yours who have probably done the following. Use the future perfect.

> andare in montagna   Saranno andati in montagna.

1. partire ieri

....

2. prendere il treno

....

3. arrivare verso le ventitré

....

4. incontrare i loro amici di Milano

....

5. mangiare insieme

....

6. fare una lunga passeggiata

....

7. alloggiare in un albergo del centro

....

Answers may vary for some exercises.

Lezione Preliminare A

A.
1. Mi chiamo Jean Smith (George Jones, *etc.*).
2. Sono studentessa (studente).
3. Sono americana (americano).
4. Abito in Via Washington 27, Boston (in Via Columbus 30, New York, *etc.*).

B.
1. come
2. studente
3. culturale
4. dialogo
5. americano
6. università
7. italiano
8. corso

C.
(You): Ciao, Carlo, come stai?
Carlo: Bene, grazie, e tu?
(You): Abbastanza bene, grazie.
Carlo: Arrivederci!
(You): Ciao!

D.
1. Mi chiamo Antonella Rodini.
2. Come si chiama lei?
3. Abito in via Manzoni.
4. Dove abita lei?

Lezione Preliminare B

A.
1. Sono (Peter Johnson).
2. Sono (meccanico).
3. Lavoro (in una fabbrica).

B.
1. studente
2. madre
3. italiano
4. meccanico
5. americano
6. dottore

C.
1. Si chiama Giorgio Catoni.
2. Abita a Firenze, in via Dante.
3. Lavora in una fabbrica.
4. Si chiama Giovanni Perini.
5. Abita a Fiesole, in corso Italia.
6. Lavora a Firenze.

D.
Ing.: Buon giorno, avvocato. Come sta?
Avv.: Bene, grazie, e lei?
Ing.: Abbastanza bene.
Avv.: Stanno tutti bene in casa?
Ing.: Sì, grazie. Arrivederla.
Avv.: Arrivederla, ingegner Catoni.

Lezione 1ª

A.
1. Ho un calendario.
2. Ho quattro gomme.
3. Ho nove penne.
4. Ho dieci libri.
5. Ho tre riviste.
6. Ho due dizionari.

B.
1. un'
2. una
3. un
4. uno
5. un
6. un'
7. una
8. uno

C.
1. Hai (tre o quattro) dizionari?
2. Hai (cinque o sei) riviste?
3. Hai (due o tre) orologi?
4. Hai (sette o otto) giornali?
5. Hai (due o tre) cancellini?
6. Hai (quattro o cinque) fogli di carta?

D.
1. sei finestre
2. tre cattedre
3. due lavagne
4. quattro pareti
5. una carta geografica
6. cinque professori
7. nove amici
8. sette porte
9. otto studenti
10. dieci studentesse

E.
(You): Ciao, Paola, come stai?
Paola: Benissimo, grazie.
(You): Che cosa fai qui?
Paola: Aspetto un'amica.
(You): Dove vai così in fretta?
Paola: Ai Musei Vaticani. Ciao.
(You): Ciao.

F.
1. (d) Non c'è male.
2. (b) Ai Musei Vaticani.
3. (a) Un'amica.

G.
1. Dove vai?
2. Che cosa fai qui?
3. Aspetto Giuseppe.
4. Andiamo allo stadio.

H. Cruciverba (see p. 123)

Lezione 2ª

A.
1. Sono le sette e cinque.
2. Sono le otto e dieci.
3. Sono le quattro e un quarto.
4. Sono le sei e mezzo.
5. Sono le nove e venti.
6. Sono le due.
7. È mezzanotte.
8. È l'una e mezzo.
9. Sono le sei meno un quarto.

B.
1. C'è un liceo.
2. Ci sono due studenti.
3. Ci sono tre signorine.
4. C'è un meccanico.
5. C'è una signora.
6. C'è uno stadio.
7. Ci sono cinque studentesse.
8. Ci sono otto professori.

C.
1. Ecco una casa.
2. Ecco tre penne.
3. Ecco due orologi.
4. Ecco tre ragazze.
5. Ecco un foglio di carta.

D.
1. trenta   ventidue   diciassette
2. tredici   diciannove   ventotto
3. ventisei   diciotto   dodici
4. ventinove   ventiquattro   quattordici
5. undici   venticinque   sedici
6. dieci   ventisette   quindici
7. ventitré   ventuno   venti

E.
1. Paola ha un appuntamento con Gianni alle due e dieci.
2. Marco ha un appuntamento con Luisa alle cinque meno venticinque.
3. Io ho un appuntamento con Laura alle sei.
4. Marta ha un appuntamento con Paolo alle sette e mezzo.
5. Anna ha un appuntamento con Piero alle cinque e un quarto.
6. Luigi ha un appuntamento con Monica alle quattro e venti.

F.
1. Dove abiti, Stefano?
2. Abito in corso Vittoria.
3. Che cosa c'è di nuovo?
4. Frequento l'Università di Padova.
5. Quale facoltà frequenti?
6. La facoltà di Lingue Moderne.
7. Che ora è?
8. È l'una.

G.
1. Che ora è?
2. Quanto fa due più tre?
3. Abiti sempre in corso Italia?
4. Chi ha un appuntamento importante?
5. Quale facoltà frequenti?

Lezione 3ª

A.
1. Mi chiamo Linda James (Joseph Smith).
2. Abito a Boston, in via Salem.
3. Sì, parlo inglese.
4. No, non parlo francese.
5. Frequento l'università di New York.
6. Sì, studio l'italiano.
7. Sì, lavoro.
8. Lavoro in un ospedale.

B.
1. la
2. il
3. il
4. il
5. l'
6. la
7. la
8. la
9. la
10. lo

C. 1. Noi frequentiamo la scuola media.
   2. Il fratello di Alberto frequenta il liceo classico.
   3. Francesca e Paola frequentano l'istituto magistrale.
   4. La sorella di Caterina frequenta la scuola elementare.
   5. Tu frequenti il liceo scientifico.
   6. Tu e Giorgio frequentate l'università di Napoli.
   7. Io frequento la facoltà di Medicina.
   8. Alessandra e Fabio frequentano la facoltà di Lingue Moderne.

D. 1. Tu   5. Voi
   2. Noi   6. lei
   3. Lui   7. loro
   4. Loro

E. 1. Di chi è il quaderno? È di Gabriele.
   2. Di chi è la penna? È di Luigi.
   3. Di chi è il giornale? È di Mariella.
   4. Di chi è il dizionario? È di Francesca.

F. 1. abita   6. chiamiamo
   2. arrivano   7. lavora
   3. ascolto   8. parla
   4. insegna   9. porti, porto
   5. aspettate   10. tornano

G. 1. Non trovo la lettera.
   2. Non lavoro in un ospedale.
   3. Non frequento il liceo.
   4. Non torno a casa.
   5. Non pago la macchina.
   6. Non aspetto Giorgio.

H. ...abita... anni... fabbrica... di... insegna... ospedale... abitano... famiglia... zia... cugini...

I. 1. il marito   6. il televisore
   2. la moglie   7. il questionario
   3. il figlio   8. il censimento
   4. la figlia   9. la firma
   5. il telefono   10. l'indirizzo

Lezione 4ª

A. 1. Teresa è in chiesa e Giuseppe è all'ufficio postale.
   2. Noi siamo allo stadio e Fabrizio è alla stazione.
   3. Voi siete al ristorante e loro sono al teatro.
   4. Tu sei all'ospedale ed io sono in banca.
   5. Maria Pia è in albergo e Paola e Cristina sono al negozio.

B. 1. Sono   6. sono
   2. è   7. sei
   3. è   8. è
   4. siamo   9. siamo
   5. sono   10. siete

C. 1. Dov'è il negozio?
   2. Dove sono le ragazze?
   3. Dove sono gli studenti?
   4. Dov'è l'ospedale?
   5. Dov'è la chiesa?
   6. Dove sono le matite?
   7. Dove sono i libri?
   8. Dov'è lo stadio?

D. 1. l'   6. Le
   2. La   7. I
   3. l'   8. il (i)
   4. i   9. la
   5. Gli   10. il

E. T.: Niente di speciale.
   T.: Volentieri. Dove?
   T.: A che ora?
   T.: Va bene. Ciao.

F. 1. (d) I compiti.
   2. (b) No, devo studiare le lezioni.
   3. (b) Ho tre fratelli.
   4. (a) No, sono le tre di mattina.
   5. (c) È di Giuseppe.

G. 1. Silvia, ascolti la radio?
   2. Roberto e Franco, telefonate a Maria?
   3. Signor Pizzi, rimanda la rivista a Piero?
   4. Tu e Margherita, entrate in aula?
   5. Signora Magri, arriva alle sette?

Lezione 5ª

A. 1. basso   5. magro
   2. vecchio   6. cattivo
   3. triste   7. brutto
   4. energico   8. piccolo

B. 1. Io scrivo a Carole.
   2. John e Kathy scrivono ai cugini.
   3. Kathy scrive al fratello.
   4. Noi scriviamo ai genitori.
   5. Tu scrivi al dottor Miller.
   6. Tu e Kathy scrivete ai nonni.
   7. Io e John scriviamo a Barbara.
   8. Voi scrivete alla zia di Mary.

C. 1. Noi discutiamo la lezione.
   2. Tu ricevi la lettera.
   3. Voi rispondete al telefono.
   4. Loro vendono i gettoni.
   5. Gianni prende i libri.

D. 1. è allegra
   2. sono allegro (a)
   3. sono allegri
   4. è allegra
   5. sei allegro (a)
   6. siete allegri

E. 1. sono tristi
   2. è triste
   3. è triste
   4. siete tristi (e)
   5. siamo tristi (e)
   6. sei triste

F. 1. Lavora in un ospedale grande.
   2. Ho un appuntamento importante.
   3. Ci sono due professori giovani.
   4. C'è una ragazza americana.
   5. È una buona idea.
   6. Non ho la frequenza obbligatoria.
   7. Mario e Carlo sono ragazzi fortunati.

G. Cameriere: signorine
   Cristina: cappuccino
   Cameriere: signorina
   Silvia: panino
   Cameriere: bene
   Cristina: Silvia, fai di
   Silvia: Niente, tu
   Cristina: vado a, guardo

H. 1. Le signorine non rispondono alle domande.
   2. Lo studente non prende un tè freddo.
   3. Noi non leggiamo il giornale.
   4. Tu non spendi molto.

I. 1. niente di speciale   6. che cosa fai di bello?
   2. qualche volta   7. sei proprio fortunato
   3. subito   8. ogni giorno
   4. faccio gite   9. secondo lei
   5. un bicchiere d'acqua

Lezione 6ª

A. 1. Alle nove io ho lezione di matematica.
      Tu e Luisa avete lezione di chimica.
      Carlo ha lezione di fisica.
   2. Alle dieci io ho lezione di fisica.
      Tu hai lezione d'inglese.
      Luisa e Carlo hanno lezione di geografia.
   3. Alle undici tu ed io abbiamo lezione d'italiano.
      Luisa ha lezione d'inglese.
      Carlo ha lezione di matematica.

B. Imp.: Come si chiama lei?
   Imp.: Dove abita?
   Imp.: Quanti anni ha?
   Imp.: Cosa fa lei?
   Imp.: Che cosa studia?

C. Silvia: Chi è Gabriella Giordano?
   Silvia: Dove lavora?
   Silvia: Dove abita?
   Silvia: Quanti anni ha?
   Silvia: Quanti figli ha?
   Silvia: Come si chiama il marito?
   Silvia: Dove lavora il marito?
   Silvia: Quando comprano la macchina nuova?

D. 1. Che giorno è oggi?
      È domenica.
   2. Che giorno era ieri?
      Era sabato.

3. Qual è il primo giorno della settimana?
Lunedì è il primo giorno della settimana.
4. Qual è la data di oggi?
È il diciotto gennaio.
5. Qual è l'ultimo mese dell'anno?
Dicembre è l'ultimo mese dell'anno.

E. 1. Il martedì leggo il giornale.
2. Il mercoledì parlo con le amiche.
3. Il giovedì scrivo alla zia.
4. Il venerdì lavoro molto.
5. Il sabato ascolto la radio.

F. Cruciverba (see p. 123)

Lezione 7ᵃ

A. 1. una giacca
2. un paio di scarpe
3. una blusa
4. due cravatte
5. i pantaloni
6. un paio di guanti
7. una gonna
8. una borsa

B. 1. Le mie scarpe sono nere.
2. I miei pantaloni sono grigi.
3. La mia camicia è bianca.
4. La mia gonna è verde.
5. Il mio cappotto è rosso.
6. Il mio impermeabile è blu.

C. mia. . .rosso
sue. . .nere. . .nera
suo. . .grigio. . .neri

D. 1. X
2. X . . . i
3. I
4. La
5. X
6. il . . . i

E. 1. I nostri genitori sono a Palermo.
2. Tua sorella telefona più tardi.
3. Il suo vestito è molto elegante.
4. La loro macchina è nuova.
5. Mia zia si chiama Franca.
6. Il suo vecchio zio abita a Genova.
7. I vostri fratelli hanno fretta.
8. La mia giacca è di velluto.

F. 1. a. Chi compra tre maglie?
b. Che cosa compra Luigi?
c. Quante maglie compra Luigi?
2. a. Chi va in centro?
b. A che ora va in centro Caterina?
c. Dove va Caterina?
3. a. Chi porta un cappotto grigio?
b. Che cosa porta la signora Cercato?
c. Di che colore è il cappotto della signora Cercato?

G. Giorgio: hai
Carlo: idea, quadri, stanza
Giorgio: vorrei, mercato
Carlo: giro
Giorgio: giornata

Lezione 8ᵃ

A. Lei: Martini
Lei: Gabriele
Lei: Via Trieste 25
Lei: 47 80 95
Lei: Ho ventidue anni.
Lei: Oggi è il primo marzo.

B. 1. dei
2. dal
3. sulla
4. allo
5. nella
6. alle
7. dello
8. del
9. ai
10. nel
11. ai
12. dei

C. 1. Questi quadri
2. Questo cappotto
3. Questa borsa
4. Queste calze
5. Questo giradischi

D. 1. Di chi è quella giacca?
2. Di chi sono quei dischi?
3. Di chi sono quegli impermeabili?
4. Di chi è quel cappello?
5. Di chi sono quei guanti?
6. Di chi sono quelle maglie?
7. Di chi è quell'orologio?
8. Di chi è quella cravatta?

E. 1. bella
2. bel
3. bei
4. bel
5. bei
6. begli
7. belle

F. col. . .guida. . .giovane. . .anni. . . ha. . . macchina. . .passaggio. . . meccanico.

G. 1. scuola
2. macchina
3. medico
4. fretta
5. essere
6. nel
7. giacca
8. che

Lezione 9ᵃ

A. 1. (diciotto) anni
2. (quarantacinque) anni
3. (quarantaquattro) anni
4. (dodici) anni
5. (ventidue) anni
6. (settantatré) anni
7. (sessantotto) anni
8. (trentacinque) anni
9. (cinquantaquattro) anni
10. (diciassette) anni

B. 1. Io parto domani.
2. Marco parte più tardi.
3. Maria e Lisa partono oggi pomeriggio.
4. Tu parti alle sette di sera.
5. Tu e Giulio partite a mezzogiorno.
6. Rita parte alle due del pomeriggio.
7. Sandro ed io partiamo alle otto di mattina.

C. ....

D. 1. aprite
2. finisco
3. suggerisce
4. puliscono
5. capisce
6. spedisce
7. parti
8. serve

E. 1. Giancarlo preferisce andare al cinema.
2. Rosella ed io preferiamo andare al museo.
3. I ragazzi preferiscono andare allo stadio.
4. Io preferisco leggere un libro.
5. Lei preferisce andare al ristorante.
6. Silvia e Pietro preferiscono studiare.
7. Tu e Giovanna preferite vedere un bel film.

F. 1. quella è vecchia.
2. quelli sono tristi.
3. quella è magra.
4. quello è povero.
5. quelle sono piccole.
6. quello è energico.
7. quelli sono belli.
8. quelle sono giovani.

G. 1. No, compro questa.
2. No, compro questi.
3. No, compro questo.
4. No, compro queste.
5. No, compro questi.
6. No, compro questo.
7. No, compro queste.

Lezione 10ᵃ

A. 1. È nuvoloso.
2. Piove.
3. C'è il sole.
4. Tira vento.
5. Fa caldo.
6. Fa freddo.

B. Oggi è giovedì, cinque agosto. È estate e fa caldo. La temperatura è di 36 gradi e c'è un bel sole. Infatti è sereno.

Oggi è lunedì, quattordici ottobre. È autunno e fa fresco. La temperatura è di 22 gradi ed è nuvoloso. È una bella giornata per andare a scuola.

Oggi è sabato, ventidue gennaio. È inverno e fa molto freddo. La temperatura è di 7 gradi. C'è molta neve e continua a nevicare.

Oggi è domenica, tre aprile. È primavera e fa bel tempo. La temperatura è di 20 gradi. Tira vento ma c'è il sole.

C. 1. Roberto lo prende.
2. Noi la prendiamo.
3. Io le leggo.
4. Mia sorella la pulisce.
5. Noi la spediamo ai nonni.
6. Gli studenti le scrivono sulla lavagna.
7. I ragazzi li ascoltano.
8. Li vediamo spesso.

D. 1. Ti aspetta Sandra dopo le lezioni?
2. Ti invita Sandra a casa sua?
3. Ti cerca spesso Sandra?
4. Ti ascolta sempre Sandra?
5. Ti vede ogni giorno Sandra?

E. 1. Sì, m'aspetta dopo le lezioni.
2. Sì, m'invita a casa sua.
3. Sì, mi cerca spesso.
4. Sì, m'ascolta sempre.
5. Sì, mi vede ogni giorno.

F. 1. Sì, li ascolto.
2. Sì, la guardo spesso.
3. Sì, t'aspettiamo.
4. No, non vi invito.
5. Sì, t'ascolto.
6. Sì, la chiamo.
7. No, non l'invito.
8. Sì, li vedo spesso.

G. 1. Preferisco vederlo.
2. Preferisco leggerla.
3. Preferisco incontrarli.
4. Preferisco aspettarla.
5. Preferisco chiamarle.

H. 1. va
2. dà
3. vanno
4. vado
5. danno
6. vai
7. date
8. andiamo

Lezione 11ª

A. 1. Vincenzo e Dino sono stanchi.
2. Mia sorella è stanca.
3. Patrizia e Silvana sono stanche.
4. I tuoi genitori sono stanchi.
5. Il professore è stanco.
6. Laura e sua madre sono stanche.

B. 1. Graziella e Pina sono simpatiche.
2. I loro cugini sono simpatici.
3. Il tuo amico è simpatico.
4. La madre di Michele è simpatica.
5. Lui è simpatico.
6. I nostri professori sono simpatici.

C. 1. A Milano ci sono cinque biblioteche pubbliche.
2. A Milano ci sono tre fabbriche di automobili.
3. A Milano ci sono molti meccanici.
4. A Milano ci sono due amici di Giuseppe.
5. A Milano ci sono molti medici ricchi.
6. A Milano ci sono molti giovani simpatici.

D. 1. I film di Fellini sono lunghi.
2. Le giornate d'estate sono lunghe.
3. Le ore di scuola sono lunghe.
4. Il mio capotto è lungo.
5. I tuoi pantaloni sono lunghi.
6. Le lezioni di quel libro sono lunghe.

E. 1. Non ve né in campagna né ai laghi.
2. Non va né a Roma né a Milano.
3. Non va né in biblioteca né al museo.
4. Non va né alla stazione né in centro.
5. Non va né allo stadio né al teatro.
6. Non va né in albergo né al ristorante.

F. 1. Non guido più la macchina di mio fratello.
2. Non parcheggio più in quella strada.
3. Non vado più da quel meccanico.
4. Non telefono più a mio cugino.
5. Non vado più in aereo.
6. Non prendo più l'autobus.
7. Non viaggio più in seconda classe.
8. Non alloggio più in quell'albergo.

G. Patrizia: Vorrei un biglietto di andata e ritorno per Napoli.
Impiegato: Desidera viaggiare in prima o in seconda classe?
Patrizia: In prima classe. Quanto costa il biglietto?
Impiegato: Quindicimila lire.
Patrizia: A che ora parte il treno?
Impiegato: Il treno parte alle otto di sera dal binario numero tre.

Lezione 12ª

A. 1. Ho incontrato Stefania.
2. Sono entrato (a) con Stefania in un bar.
3. Ho comprato due gelati.
4. Ho parlato con Stefania per un'ora.
5. Ho visitato i Musei Capitolini.
6. Sono tornato (a) a casa alle tre del pomeriggio.

B. 1. Maurizio ha frequentato l'Accademia delle Belle Arti.
2. Kathy e la sua amica Carol hanno visitato il capoluogo dell'Umbria.
3. Io ho conosciuto suo fratello.
4. Abbiamo finito di fare i compiti.
5. La bellezza di questa ragazza mi ha colpito.
6. Giacomo mi ha venduto il suo televisore.

C. sono andate
Sono partite. . .hanno visitato
hanno viaggiato. . .hanno conosciuto
Sono tornate

D. 1. Sì, ho studiato la lezione per domani.
2. No, non ho parlato con la professoressa d'italiano.
3. Sì, ho conosciuto l'amico di mia sorella.
4. No, non ho mai guidato una macchina.
5. Sì, ho veduto un film italiano.

E. 1. No, non sono andato (a) a scuola lunedì scorso.
2. No, non sono arrivato (a) in ritardo.
3. Stamattina sono uscito (a) di casa alle nove.
4. Ieri pomeriggio sono tornato (a) a casa alle sei.

F. Cruciverba (see p. 123)

G. 1. Questa mattina Paola ed io siamo andate al negozio.
2. Paola ha comprato alcuni bei vestiti.
3. Io ho trovato un cappello di lana rossa ed una giacca di velluto blu.
4. Non ho visto molta gente in quel negozio.
5. Più tardi abbiamo incontrato i nostri amici e siamo andati a un bar.
6. Siamo andati da una parte all'altra.

Lezione 13ª

A. 1. È nata il nove gennaio, 1960.
2. Ha scritto una cartolina.
3. Ha aperto la finestra.
4. Ha risposto al telefono.
5. Ha letto una rivista.
6. Ha bevuto un caffè.
7. Ha perso il pallone.
8. Ha fatto una gita.

B. (You): Mi chiamo Francesca Giordano (Carlo Ponti, etc.).
(You): Via Napoli 43.
(You): Sono nata (o) il tredici febbraio 1955.
(You): Abito in questa città da dieci anni.
(You): Sì, ho fatto molti viaggi.
(You): Sì, ho visto molte città e paesi.
(You): Sì, ho letto libri sui musei e sui monumenti della nostra città.
(You): Sì, ho risposto alle domande del vostro questionario.
(You): Sì, ho messo la firma sulla domanda d'impiego.
(You): Sì, ho preso spesso i mezzi pubblici della città.

C. 1. Il nostro è bianco.
2. I loro sono nervosi.
3. La sua ha molti parchi.
4. Le mie sono in salotto.
5. I suoi sono freschi.
6. Il tuo è splendido.
7. Le vostre sono magnifiche.

D. 1. Dice che non beve caffè.
2. Diciamo che non beviamo caffè.
3. Dicono che non bevono caffè.
4. Dico che non bevo caffè.
5. Diciamo che non beviamo caffè.
6. Dico che non bevo caffè.

E. 1. Ha detto che non ha bevuto il caffè.
   2. Abbiamo detto che non abbiamo bevuto il caffè.
   3. Hanno detto che non hanno bevuto il caffè.
   4. Ho detto che non ho bevuto il caffè.
   5. Abbiamo detto che non abbiamo bevuto il caffè.
   6. Ho detto che non ho bevuto il caffè.

Lezione 14ª

A. Ogni lunedì (martedì . . .)

B. Domenica scorsa. . .

C. Claudia: Ci siamo incontrati l'anno scorso.
   Claudia: Ci siamo incontrati al mare.
   Claudia: Sì, ci vediamo spesso.
   Claudia: Sì, ci siamo visti ieri.
   Claudia: Sì, ci aiutiamo a studiare.
   Claudia: Sì, ci scriviamo lettere e cartoline quando andiamo in vacanza.

D. 1. Tu vieni con lui.
   2. Cristina ed Enzo vengono con loro.
   3. Carla viene con noi.
   4. Fabio e tu venite con me.
   5. Le sorelle di Luciana vengono con te.
   6. Daniele viene con voi.

E. 1. Le mie sorelle escono alle nove.
   2. Tu esci alle sette.
   3. Mio padre esce alle otto e mezzo.
   4. Voi uscite alle nove e mezzo.
   5. Io esco alle nove.
   6. Io e le mie sorelle usciamo alle nove.

F. 1. Si mette il cappello.
   2. Si è messa la gonna.
   3. Ci laviamo la faccia.
   4. Si sono messi la giacca.
   5. Non mi lavo le mani.
   6. Si mettono la camicia.

G. Cruciverba (see p. 123)

Lezione 15ª

A. 1. Fabio e Stefano giocheranno a pallone.
   2. Marina giocherà a tennis.
   3. La signora Dentini nuoterà.
   4. Il signor Dentini andrà in barca.
   5. I nonni si alzeranno presto la mattina.
   6. La nonna discuterà con il nonno.
   7. La famiglia Dentini si divertirà molto.

B. 1. No, tornerà   5. No, verrà a casa
   2. No, partiranno 6. No, uscirò
   3. No, arriverà   7. No, andremo
   4. No, aprirà

C. verrò
   telefonerò. . .arriverò
   avrò. . .vedrò
   Berremo. . .andremo
   Sarò

D. 1. L'hai bevuta?
   2. Le avete passate al mare?
   3. Li abbiamo restituiti al professore.
   4. Il mio amico li ha invitati.
   5. I miei genitori l'hanno messa nel garage.

E. 1. Sì, m'ha visto.
   2. Sì, ci hanno invitati.
   3. Sì, vi abbiamo ascoltati.
   4. Sì, t'ho capito.

F. vorresti
   comprarli
   risparmiare. . .andremo
   dormiremo
   abita
   telefonerò. . .tornerò
   useremo
   stabiliremo

Lezione 16ª

A. 1. Gli spedisco un regalo.
   2. Gli abbiamo offerto un aperitivo.
   3. Perché non le telefoni?
   4. La signora Massimi gli mostra la sua casa.
   5. Gli hai dato il nostro numero di telefono?
   6. Le avete mandato il questionario?

B. 1. Sì, ti consiglio di partire.
   2. Sì, vi prestiamo la macchina.
   3. Sì, la mia amica mi ha scritto.
   4. Sì, le do il mio passaporto.
   5. Sì, vi telefono più tardi.

C. 1. Le insegna a giocare a tennis.
   2. Gli insegna a giocare a pallacanestro.
   3. Gli insegna a giocare a pallone.
   4. Le insegna ad andare a cavallo.
   5. Le insegna a pattinare.
   6. Gli insegna a nuotare.

D. 1. M'insegna a giocare a tennis.
   2. Ci insegna a giocare a pallacanestro.
   3. T'insegna a giocare a pallone.
   4. Vi insegna ad andare a cavallo.
   5. Le insegna a pattinare.
   6. Gli insegna a nuotare.

E. 1. I signori Innocenti fanno un viaggio in aereo.
   2. Le signorine Montesi fanno un viaggio in autobus.
   3. La signora Pontini fa un viaggio con la nave.
   4. La famiglia Marchini fa un viaggio in treno.
   5. I ragazzi fanno un viaggio in macchina.
   6. Michele fa un viaggio in motocicletta.

F. 1. Fai un viaggio in aereo.
   2. Facciamo un viaggio in autobus.
   3. Fa un viaggio con la nave.
   4. Fanno un viaggio in treno.
   5. Fate un viaggio in macchina.
   6. Fa un viaggio in motocicletta.

Lezione 17ª

A. 1. Gli fa male la testa.
   2. Gli fanno male i denti.
   3. Gli fanno male le gambe.
   4. Gli fa male il collo.
   5. Gli fa male l'orecchio destro.
   6. Gli fanno male le braccia.

B. 1. Finisci il gelato!
   2. Scendi dalla sedia!
   3. Guarda la televisione!
   4. Mangia un panino!
   5. Bevi il latte!
   6. Sii buono!
   7. Va' a giocare con i bambini!
   8. Da' l'acqua al cane!
   9. Sta' in giardino!
   10. Fa' i compiti!

C. 1. Non andare in salotto!
   2. Non guardare la televisione!
   3. Non prendere il telefono!
   4. Non bere il caffè!
   5. Non essere cattivo!

D. 1. Aprite il libro!
   2. Leggete il dialogo!
   3. Prendete un foglio di carta!
   4. Scrivete queste parole!
   5. Siate buoni!
   6. Aspettate un momento!
   7. Finite la lezione per domani!

E. 1. Giochiamo a tennis.
   2. Facciamo una gita.
   3. Beviamo qualcosa.
   4. Vediamo un bel film.
   5. Puliamo la macchina.
   6. Partiamo presto.

F. 1. Alessandra vuole mangiare qualcosa.
   2. Tu vuoi nuotare.
   3. Noi vogliamo bere un'aranciata.
   4. Le ragazze vogliono fare una passeggiata.
   5. Io voglio cercare un'amica.
   6. Tu e Franco volete leggere il giornale.

G. 1. Noi dobbiamo rispondere a queste domande.
   2. Gina deve leggere questa rivista.
   3. Voi dovete studiare questo problema.

4. Carla e Marco devono scrivere i risultati.
5. Io devo spedire i questionari.
6. Fabrizio deve fare molte telefonate.

H. 1. Io non posso venire.
2. Graziella e Giuliana non possono venire.
3. Noi non possiamo venire.
4. Alfredo non può venire.
5. Tu ed Alberto non potete venire.
6. Loro non possono venire.

Lezione 18ª

A. 1. Il dottor Bardini è partito per Pisa.
2. Le sorelle di Massimo sono partite per Nuova York.
3. Valerio è partito per Venezia.
4. Noi siamo partiti per Roma.
5. Suo zio è partito per Firenze.
6. Tu sei partito per Parigi.

B. .....

C. 1. Giancarlo e Marina studiavano in Inghilterra.
2. Valeria studiava in Germania.
3. Noi studiavamo a Ginevra.
4. Tu studiavi a Vienna.
5. La moglie di Sergio studiava in Olanda.
6. Voi studiavate a Madrid.

D. Quando era in campagna, Giulio. . .

E. ho incontrato
Erano. . .vedevo
eravamo. . .abitavamo
era. . .
giocavamo. . .facevano
siamo stati. . .ci siamo divertiti
è andato. . .è partita

F. 1. Italia   6. Danimarca
2. Francia   7. Inghilterra
3. Lussemburgo   8. Irlanda
4. Belgio   9. Germania
5. Olanda

G. Il Mercato comune europeo. . .

Lezione 19ª

A. 1. Valerio va a sciare con loro.
2. Valerio va a sciare con te.
3. Valerio va a sciare con lei.
4. Valerio va a sciare con noi.
5. Valerio va a sciare con me.
6. Valerio va a sciare con voi.
7. Valerio va a sciare con noi.
8. Valerio va a sciare con voi.

B. 1. Le piace ascoltare i dischi ma non le piace ballare.
2. Le piace sciare ma non le piace nuotare.

3. Le piace andare in aereo ma non le piace andare in treno.
4. Le piace andare in bicicletta ma non le piace andare in motocicletta.
5. Le piace leggere le riviste ma non le piace studiare.
6. Le piace andare al cinema ma non le piace guardare la televisione.

C. 1. Vi è piaciuta la Spagna?
2. Le è piaciuto quel film di Antonioni?
3. Ti sono piaciuti gli spaghetti alla carbonara?
4. Vi sono piaciute le amiche di Elena?
5. Le è piaciuto il Portogallo?
6. Vi è piaciuto il gelato?

D. 1. Mi piace il pane ma non mi piace il burro.
2. Mi piace l'aragosta ma non mi piacciono le vongole.
3. Mi piacciono i pomodori ma non mi piacciono le patate.
4. Mi piacciono le pere ma non mi piace l'uva.
5. Mi piace il formaggio ma non mi piace il dolce.

E. 1. Giuseppe porta dei dischi italiani.
2. Michele porta del caffè.
3. Le ragazze portano delle forchétte e dei cucchiai.
4. Tu porti dei dolci.
5. Io porto del latte.
6. Voi portate dei tovaglioli.
7. Maurizio porta dello zucchero.
8. Pierluigi e tu portate dei bicchieri.

F. 1. Quei ragazzi studiano continuamente.
2. Il professore ascolta gli studenti pazientemente.
3. Mio fratello entra in camera da letto silenziosamente.
4. Io ho chiamato il medico immediatamente.
5. L'aereo è partito sicuramente.
6. Gli Etruschi abitavano in Umbria anticamente.
7. L'avvocato ha risposto a lui gentilmente.
8. A mia nonna piace viaggiare comodamente.
9. Quella ragazza mi ha chiesto un passaggio timidamente.
10. La sua lettera è arrivata finalmente.

Lezione 20ª

A. 1. g   6. c
2. k   7. i
3. e   8. d
4. b   9. f
5. l   10. a

B. 1. Sì, ci veniamo spesso.
2. Ci metto la lettera.
3. Ci scrive l'indirizzo.

4. Ci andiamo domani.
5. Sì, ci voglio venire.
6. Mi ci porta Marco.

C. Cruciverba (see p. 124)

D. 1. Sì, ne ho comprato.
2. No, non ne no comprato.
3. Sì, ne ho comprate.
4. No, non ne ho comprato.
5. Sì, ne ho comprato.

E. 1. Ne hanno conosciute tre.
2. Ne ha letta una.
3. Ne hai spese solo duemila?
4. Ne ho bevuti due.
5. Diana ne ha mangiate tre.
6. I signori Ferrini ne hanno comprati cinque.

F. 1. tutto   4. tutte
2. tutte   5. tutti
3. tutta   6. tutta

G. 1. Lei prepara la lezione diciottesima.
2. Luisa prepara la lezione ventesima.
3. Marco prepara la lezione quindicesima.
4. Maria prepara la lezione dodicesima.
5. Angela prepara la lezione nona.
6. Io preparo la lezione decima.
7. Laura prepara la lezione undicesima.
8. Valerio prepara la lezione ventitreesima.

Lezione 21ª

A. 1. quarantaduemilacinquecento
2. ventiduemilaseicentoquaranta-cinque
3. diciottomiladuecentocinquanta
4. ventitremilanovecentonovanta

B. 1. Glielo chiedo.
2. Me lo danno.
3. Ce lo hanno venduto.
4. Gliela dai?
5. Marco ve la presta.

C. 1. Mariella gliela scrive.
2. Enzo gliela fa.
3. Sua sorella ce lo ha dato.
4. I nonni glieli mandano sempre.
5. Gliele ho comprate.

D. 1. Quante sorelle hai?
2. Come si chiamano?
3. Quale frequenta l'università?
4. Quanti anni ha Cristina?
5. Che scuola frequenta Cristina?

E. 1. Che cosa fai?
2. Chi ti ha scritto?
3. Che cosa dice Sergio?
4. Con chi viene?
5. Con che vengono?
6. A che ora arriva il treno?
7. Chi va a prenderli alla stazione?

F. 1. Me lo fai sapere?
2. Quanto costano i biglietti?
3. Qual è la data di oggi?
4. Quali dischi hai comprato?
5. Che ora è?
6. Chi ha risposto al telefono?
7. Di chi è la macchina?

Lezione 22ª

A. 1. Sto imparando l'italiano.
2. Michele e Paolo stanno giocando a tennis.
3. Quelle ragazze stavano parlando con il professore.
4. Stai leggendo il giornale?
5. Stiamo salutando gli amici di tua madre.
6. Stavate scrivendo sulla lavagna.
7. Marisa si stava lavando i capelli.
8. Stavo andando al mercato quando ho incontrato Filippo.

B. 1. I giovani che portano la bandiera sono i tifosi della Roma.
2. Le ragazze con cui parla Valerio sono americane.
3. Scrivo a mia sorella che abita a Milano.
4. Mia madre ha fatto i dolci che tu mangi.
5. Nello stadio c'è un tabellone su cui c'è la scritta "Forza Napoli."
6. Chi è quell'uomo che sta fischiando?
7. Quel libro che sta leggendo mio fratello è interessante.
8. Ho invitato al cinema quella ragazza con cui sono andato a sciare domenica scorsa.
9. Quella signora che abbiamo salutato è la madre di Roberto.
10. I tifosi che sono sui torpedoni sono napoletani.

C. 1. I due amici stanno salutandosi.
2. Marco sta mangiando.
3. Roberto si sta lavando.
4. La bambina sta dormendo.
5. Angela e Carlo stanno ballando.
6. Io sto andando in motocicletta.

D. 1. Andreste alla partita domani?
2. Potrebbe telefonare stasera?
3. Faresti una passeggiata con me?
4. Verrebbero alla mia festa?
5. Presteresti la bicicletta a mia sorella?
6. Berresti qualcosa?
7. Vorreste fare un viaggio all'estero?
8. Darebbe un passaggio a mio fratello?

E. 1. Non faremmo mai una festa ogni fine-settimana.
2. Non vedremmo mai la partita in televisione.
3. Non ci alzeremmo mai così presto.
4. Non lavoreremmo mai la domenica.
5. Non prenderemmo mai l'autobus di sera.

6. Non parcheggeremmo mai in quella strada.
7. Non abiteremmo mai a Milano.
8. Non leggeremmo mai quel giornale.
9. Non usciremmo mai dopo le undici di sera.
10. Non voteremmo mai per quel partito.

Lezione 23ª

A. 1. È probabile che noi andiamo a Venezia.
2. È probabile che loro abbiano l'indirizzo del dottor Chellini.
3. È probabile che la zia venga da sola.
4. È probabile che voi usciate verso le quattro.
5. È probabile che Giuseppe telefoni domani mattina.
6. È probabile che tu parta il mese prossimo.

B. 1. Sperano che non ci sia traffico sull'autostrada.
2. Sperano che l'albergo sia comodo.
3. Sperano che ci siano molti buoni ristoranti.
4. Sperano che degli amici vadano con loro.
5. Sperano che i bambini si divertano.
6. Sperano che l'albergo abbia una bella piscina.

C. 1. Mi dispiace che loro dicano queste cose.
2. Mi dispiace che voi dobbiate partire.
3. Mi dispiace che lei vada ad abitare così lontano.
4. Mi dispiace che Massimo e Luciana non abbiano molto tempo libero.
5. Mi dispiace che la sua macchina sia dal meccanico.
6. Mi dispiace che tu abbia mal di testa.

D. 1. Dubito che abbiano letto questa rivista.
2. Non crede che abbiano fatto un viaggio all'estero.
3. Gli dispiace che gli abbiano telefonato in ufficio.
4. È probabile che l'impiegato gli abbia dato il certificato.
5. Teme che non mi sia preparato bene per il dibattito.
6. È difficile che i suoi parenti siano arrivati questo pomeriggio.
7. È possibile che non abbia capito la domanda.
8. È bene che voi siate venuti con noi.
9. Siamo sorpresi che tu sia partito in fretta e furia.
10. Non so se Piero abbia partecipato al dibattito.

E. 1. È importante
2. È possibile
3. È impossibile
4. È importante
5. È preferibile
6. È necessario
7. È meglio
8. È possibile

F. Cruciverba (see p. 124)

Lezione 24ª

A. 1. La bambina gioca con il fratellino.
2. Ha una barchetta.
3. È vicino al laghetto.
4. Porta un bel cappellino bianco.
5. Parla con dei ragazzini.
6. Dà la borsetta alla nonnina.
7. Si fa male alla manina.
8. Dà dei pezzetti di pane agli uccellini.

B. 1. ...partano fra due ore.
2. ...il treno stia per arrivare.
3. ...non abbiano fatto le prenotazioni.
4. ...non ci siano posti liberi.
5. ...piova.
6. ...abbiano la macchina.
7. ...si laureino fra un anno.
8. ...stiano studiando Scienze Politiche.

C. 1. ...tu deva andare dal medico.
2. ...faccia cattivo tempo.
3. ...tu non abbia un passaggio.
4. ...i tuoi cugini vengano da te.
5. ...tu voglia studiare.
6. ...tu non possa finire i compiti.

D. 1. Marco è ricco quanto Sergio.
2. Marco ha tanti amici quanto Sergio.
3. Marco è allegro come Sergio.
4. Marco è energico come Sergio.
5. Marco è alto come Sergio.
6. Marco è biondo quanto Sergio.

E. 1. I film italiani sono più tristi dei film americani.
2. I film italiani sono più divertenti dei film americani.
3. I film italiani sono più intensi dei film americani.
4. I film italiani sono più complicati dei film americani.
5. I film italiani sono più belli dei film americani.
6. I film italiani sono più noiosi dei film americani.
7. I film italiani sono più lunghi dei film americani.

F. 1. Luisa e Marcello sono i più alti della famiglia.
2. Luisa e Marcello sono i più energici della famiglia.
3. Luisa e Marcello sono i più giovani della famiglia.
4. Luisa e Marcello sono i più tranquilli della famiglia.
5. Luisa e Marcello sono i più timidi della famiglia.
6. Luisa e Marcello sono i più nervosi della famiglia.

G. 1. Firenze è una città bellissima.
2. Venezia è una città tranquillissima.
3. Napoli è una città caldissima.
4. Milano è una città importantissima.

5. Perugia è una città interessantissima.
6. Torino è una città freddissima.

Lezione 25ᵃ

A. 1. Votino per l'avvocato Siloni.
2. Diano il voto al nostro partito.
3. Suggeriscano agli amici ed ai parenti di votare per lui.
4. Non facciano attenzione agli altri partiti.
5. Vengano tutti a votare domani sera.
6. Mettano una X vicino al nome dell'avvocato.

B. 1. Prenda l'autobus numero 56.
2. Scenda alla stazione Termini.
3. Cerchi l'entrata della metropolitana.
4. Faccia il biglietto.
5. Segua la scritta "Ostia."
6. Prenda il treno per Ostia.
7. Scenda alla fermata "Ostia Centro."

C. 1. Scrivetele!　5. Signora, la
2. Rispondile!　　 compri!
3. Non venderli!　6. Gli chiedano
4. Finiscilo!　　　 informazioni!

D. 1. Alzati alle sei!
2. Non metterti gli scarponi!
3. Mettiti la giacca di lana!
4. Recati alla stazione alle sette!
5. Fermati vicino al giornalaio!
6. Preoccupati di arrivare in tempo!

E. 1. Fammela questa　5. Glielo dicano!
 sera!　　　　　　6. Glielo
2. Dateglielo!　　　 restituisca!
3. Compragliela!　7. Portamelo!
4. Mandiamogliele! 8. Non metterteli!

F. 1. sa　　　　5. so
2. Conosci　6. conoscono
3. sanno　　7. sapete
4. sa　　　　8. conosciamo

Lezione 26ᵃ

A. 1. Gli hanno sconsigliato di prendere il treno.
2. Quegli autori moderni sono sconosciuti.
3. Quelle poltrone sono scomode.
4. Discutono della disoccupazione dei giovani.
5. In quest' ufficio c'è molta disorganizzazione.
6. Quei ragazzi sono molto sfortunati.
7. È una domanda ingiusta.
8. Valeria è scontenta di partire.

B. 1. Temevano che io non conoscessi la strada.
2. Il professore voleva che noi facessimo i compiti tutti i giorni.

---

3. Dubitavo che Maria sapesse nuotare.
4. Non sapevo se quegli studenti conoscessero questo scrittore.
5. Era possibile che lei stesse leggendo quel romanzo.
6. Sembrava che tu leggessi con interesse le opere di Pavese.
7. La nostra professoressa desiderava che noi andassimo a quella conferenza.
8. Era necessario che Francesca finisse di leggere quel volume di poesie.

C. 1. Pensava che noi avessimo dato un passaggio a suo figlio.
2. Era probabile che fossero andati al concerto.
3. Pareva che loro avessero stabilito l'ora della partenza.
4. Volevo che tu non fossi partito con la tua macchina.
5. Credevi che io fossi stato a Parigi?
6. Mia madre non sapeva se io avessi conosciuto quel ragazzo.
7. Era giusto che lo avessero chiamato.
8. Non credevano che voi aveste comprato la macchina nuova.

D. 1. Se avessimo abbastanza soldi andremmo in Svizzera.
2. Se avessimo abbastanza soldi vorremmo vedere quella commedia.
3. Se avessimo abbastanza soldi compreremmo dei dischi nuovi.
4. Se avessimo abbastanza soldi partiremmo per Londra.
5. Se avessimo abbastanza soldi costruiremmo una barca.
6. Se avessimo abbastanza soldi viaggeremmo spesso.

E. 1. ottimi　　5. meglio
2. migliore　6. massima
3. maggiori　7. minore
4. pessimo　8. peggiori

Lezione 27ᵃ

A. 1. pianista　　5. dottoressa
2. professoressa　6. farmacia
3. libreria　　　7. pescheria
4. dentista　　8. continuazione

B. 1. il rappresentante regionale
2. l'ufficio doganale
3. uno scrittore famoso
4. gli uomini meridionali
5. i programmi industriali
6. una giornata noiosa

C. 1. Quegli sci sono stati usati da Carla.
2. La gita è stata organizzata da Carla.
3. Quelle poesie sono state scritte da Carla.

---

4. Quei romanzi sono stati letti da Carla.
5. I nonni sono stati chiamati da Carla.

D. 1. In questa scuola non si vedono molti studenti stranieri.
2. In questa scuola si mostrano film interessanti.
3. In questa scuola si imparano molte cose diverse.
4. In questa scuola non si fanno troppe feste.
5. In questa scuola si discute sempre di politica.
6. In questa scuola si insegna l'italiano.
7. In questa scuola non si va in vacanza.

E. 1. di　　　　6. a
2. a　　　　　7. da
3. di　　　　8. da
4. a　　　　　9. da
5. a　　　　10. di

F. 1. e　　　　6. c
2. g　　　　　7. i
3. j　　　　　8. b
4. a　　　　　9. f
5. l　　　　10. d

G. 1. Che ne diresti di andare al cinema?
2. Stiamo per andare al teatro.
3. Che cosa andate a vedere?
4. Andiamo a vedere una satira politica.
5. Quanti biglietti avete?
6. Abbiamo solamente due biglietti.
7. Preferisco andare al cinema.
8. Vado a vedere un film di Bertolucci.
9. Buon divertimento!

Lezione 28ᵃ

A. ----------

B. 1. Là incontrai Marina per la prima volta.
2. Imparai ad andare in barca.
3. Conobbi molta gente simpatica.
4. Feci diverse gite con gli amici.
5. Vidi una commedia divertente.
6. Comprai dei bei regali per i miei genitori.
7. Lessi tre romanzi di Elsa Morante.
8. Un giorno mi sentii molto male.

C. 1. Saranno partiti ieri.
2. Avranno preso il treno.
3. Saranno arrivati verso le ventitré.
4. Avranno incontrato i loro amici di Milano.
5. Avranno mangiato insieme.
6. Avranno fatto una lunga passeggiata.
7. Avranno alloggiato in un albergo del centro.

Lezione 1ª　H.

Lezione 6ª　F.

Lezione 12ª　F.

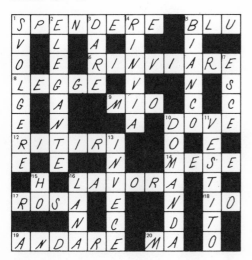

Lezione 14ª　G.

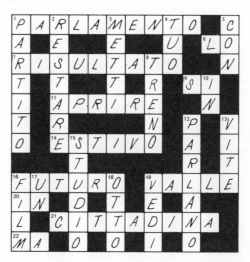

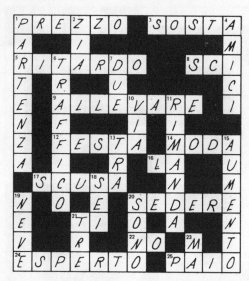